Para: Uno de
los seres más
Especiales que quiero
en este mundo.
Gracias por ser mi madre
T.Q.M. 7565695
tu hija Nancy.

Candelaria
Aguilar

Louise L. Hay

con
Linda Carwin Tomchin

El poder está
dentro de ti

EDICIONES URANO

Argentina - Chile - Colombia - España
México - Venezuela

Título original: *The Power Is Within You*
Editor original: Hay House, Inc., Santa Mónica (California)
Traducción: Amelia Brito y equipo editorial

© 1991 *by* Louise L. Hay
© 1991 *by* EDICIONES URANO, S.A.
   Aribau, 142, pral.- 08036 Barcelona
   info@edicionesurano.com

ISBN: 84-7953-013-8
Depósito legal: B. 11.782 - 2004

Fotocomposición: Línea Fotocomposición, S.A. -Almogàvers, 189 -
   08018 Barcelona
Impreso por Romanyà Valls, S.A. -Verdaguer, 1 - 08786. Capellades

Impreso en España – Printed in Spain

Dedicatoria

Con cariño dedico este libro a todos aquellos que han asistido a mis seminarios, a los profesores de mis talleres, al personal de la editorial Hay House, a aquellos que acuden a las reuniones de los miércoles y comunican su extraordinaria y profunda energía, a todas las maravillosas personas que me han escrito a lo largo de los años, y a Linda Carwin Tomchin, cuyas ideas y colaboración han sido indispensables para la creación de este libro.

Mi corazón ha crecido enormemente al conoceros a todos y a cada uno de vosotros.

Prólogo

Encontrarás muchísima información en este libro. No pienses que has de asimilarla toda de una vez. Habrá ciertas ideas que atraerán tu atención antes que otras. Trabaja con ellas primero. Si digo algo con lo que no estás de acuerdo, sencillamente pásalo por alto, no lo tengas en cuenta. Si de todo el libro sacas una sola buena idea que te sirva para mejorar la calidad de tu vida, me sentiré completamente satisfecha por haberlo escrito.

A medida que leas te darás cuenta de que empleo palabras y expresiones tales como Poder, Poder Superior, Poder Universal, Inteligencia, Mente Infinita, Dios, Sabiduría Interior, etcétera. Lo hago con la intención de demostrarte que no hay ningún límite para escoger el nombre que quieras dar a ese Poder que dirige el Universo y que también se encuentra dentro de ti. Si algún nombre te molesta o te produce turbación, utiliza otro que te parezca más adecuado. Muchas veces en mi vida he tachado palabras o nombres que no me gustaban cuando leía un libro, y escribía otros que me gustaban más. Tú puedes hacer lo mismo.

También notarás que hay dos palabras que escribo de forma diferente a la corriente. *Mal-estar* se escribe normalmente *malestar,* y significa cualquier cosa que no está en armonía con uno mismo o con nuestro entorno. SIDA lo escribo con letras minúsculas, *sida,* para disminuir el poder de la palabra, y por lo tanto de la enfermedad o mal-estar. El primero en sugerir esta idea fue el reverendo Stephan Pieters. En la editorial Hay House nos hemos suscrito a ella de todo corazón, y recomendamos encarecidamente a los demás que también lo hagan.

El poder está dentro de ti es la continuación de *Usted puede sanar su vida;* en el tiempo que ha pasado desde que escribiera este libro se me han revelado nuevas ideas. Deseo compartirlas con todas las personas que me han escrito solicitando mayor información. Hay una cosa de la que me parece importante tener conciencia: el Poder que todos buscamos «fuera» está también dentro de nosotros, fácilmente accesible, a nuestra disposición para que lo empleemos de forma positiva. Que este libro te revele todo el poder que verdaderamente posees.

Introducción

Yo no soy sanadora. No sano a nadie. El concepto que tengo de mí misma es el de un peldaño en la senda del autodescubrimiento. Creo un espacio en donde las personas pueden aprender lo increíblemente maravillosas que son, enseñándoles a amarse a sí mismas. Soy una persona que apoya a otras. Les ayudo a hacerse cargo de su vida. Les ayudo a descubrir sus propios poderes, su sabiduría y su fortaleza interiores. Les ayudo a quitar las barreras y obstrucciones que obstaculizan su camino, de modo que puedan amarse a sí mismas sean cuales fueren sus circunstancias o las situaciones en que se encuentren. Esto no quiere decir que no vayamos a tener problemas nunca, sino que lo importante es la forma en que reaccionemos ante ellos.

Después de años de asesorar a mis clientes y de dirigir cientos de seminarios o talleres y programas intensivos de preparación, a lo largo y ancho de los Estados Unidos y del mundo, he descubierto que sólo hay una cosa que sana todo problema: amarse a uno mismo. Cuando comenzamos a amarnos a nosotros mismos cada día más, es sorprendente cómo mejora nuestra vida. Nos sentimos mejor, encontramos los trabajos que deseamos y obtenemos el dinero que necesitamos. En cuanto a las relaciones, o bien mejoran, o las negativas se disuelven e iniciamos otras nuevas. Como se puede ver, es una premisa muy sencilla: ámate a ti mismo. Se me ha criticado por ser demasiado simplista, y yo he descubierto que las cosas simples son generalmente las más profundas.

Alguien me dijo no hace mucho: «Me has hecho el regalo más maravilloso. Me has hecho el regalo de mí mismo». Somos tantos los que nos escondemos de nosotros mismos y ni siquiera sabemos quiénes somos... No sabemos lo que sentimos, no sabemos lo que deseamos. La vida es un viaje de autodescubrimiento. Yo creo que la iluminación es entrar en nuestro interior y ver quiénes y qué somos realmente, y saber que tenemos la capacidad de cambiar para mejor, amándonos y cuidando de nosotros mismos. No es egoísmo. Esto nos limpia, nos despeja de tal forma que podemos amarnos a nosotros mismos lo suficiente para amar a los demás. Ciertamente que podemos ayudar al planeta si procedemos de un espacio lleno de amor y de alegría y basado en lo individual.

Con frecuencia se llama Amor al poder que ha creado este increíble Universo: «Dios es amor». Muchas veces hemos escuchado la afirmación: «El amor hace girar el mundo». Es absolutamente cierto. El amor es el elemento amalgamador que mantiene todo el Universo unido.

Para mí, el amor es un aprecio profundo. Cuando hablo de amarnos a nosotros mismos, quiero decir tener un profundo aprecio por quienes somos, aceptar los diferentes aspectos de nosotros mismos, nuestras pequeñas rarezas, los desconciertos, las cosas que tal vez no hacemos del todo bien, y también nuestras maravillosas cualidades; aceptar todo el lote con amor, sin condiciones.

Por desgracia, muchos de nosotros no queremos amarnos hasta que perdamos peso, encontremos el empleo ideal o consigamos un aumento de sueldo, o novio o novia, o lo que sea. Con mucha frecuencia ponemos condiciones a nuestro amor. Pero podemos cambiar. Podemos amarnos tal como somos, ¡ahora mismo!

También falta amor en nuestro planeta en su conjunto. Yo creo que nuestro planeta tiene un mal-estar llamado sida, y cada día muere más y más gente. Este reto físico nos ofrece la oportunidad de superar barreras, de ir más allá de los valores morales y las diferencias religiosas o políticas, y de abrir nuestro corazón. Cuantos más seamos los que logremos hacerlo, con mayor rapidez encontraremos las respuestas.

Estamos en medio de un enorme cambio individual y mundial. Pienso que todos los que vivimos en esta época hemos escogido estar aquí para contribuir a este cambio, para promoverlo y transformar el mundo desde el antiguo estilo de vida a una existencia más amorosa y pacífica. En la Era de Piscis buscábamos a nuestro salvador «fuera»: «Sálvame. Sálvame. Cuida de mí, por favor». Ahora, en la Era de Acuario, estamos aprendiendo a buscar a nuestro salvador en nuestro interior. Nosotros somos el poder que hemos andado buscando. Nosotros estamos a cargo de nuestra vida.

Si no estamos dispuestos a amarnos a nosotros mismos hoy, tampoco nos vamos a amar mañana, porque cualquiera que sea la disculpa que tengamos hoy, la seguiremos teniendo mañana. Es posible que dentro de veinte años sigamos teniendo la misma disculpa, e incluso que dejemos esta vida aferrados a ella. Hoy es el día en que podemos amarnos totalmente y sin ninguna expectativa.

Deseo contribuir a crear un mundo en donde estemos a salvo para amarnos mutuamente, con confianza, donde podamos expresarnos tal como somos y ser amados y aceptados por la gente que nos rodea sin juicios, críticas ni prejuicios. El amor comienza por casa. La Biblia dice: «Ama a tu prójimo como a ti mismo». Demasiado a menudo olvidamos la segunda parte: «como a ti mismo». No podemos amar realmente a nadie a no ser que nos amemos primero a nosotros mismos. El amor a nosotros mismos es el regalo más importante que podemos ofrecernos, porque cuando nos amamos, no nos hacemos daño y tampoco se lo hacemos a ninguna otra persona. Si hubiera paz interior, no habría guerras, ni delincuentes, ni terroristas ni personas sin hogar. No habría enfermedades, ni mal-estares, ni sida, ni cáncer, ni pobreza ni hambre. Por lo tanto, ésta es para mí la receta para la paz mundial: que haya paz en nuestro interior. Paz, comprensión, entendimiento, perdón y, por encima de todo, amor. Dentro de nosotros tenemos el poder para efectuar estos cambios.

El amor es algo que podemos escoger, de la misma forma que escogemos la ira, el odio o la tristeza. Podemos optar por el amor. Esta opción se encuentra siempre en nuestro interior. Comencemos ahora mismo, en este momento, a escoger el amor. Es la fuerza más potente que existe.

La información que aparece en este libro, que ha formado parte de mis charlas durante los últimos cinco años, es sólo un paso más en la senda de tu autodescubrimiento, una oportunidad de saber un poco más sobre ti y de comprender el potencial que te pertenece por derecho propio. Tienes la oportunidad de amarte más de modo que formes

parte del increíble universo del amor. El amor comienza
en nuestro corazón, comienza por nosotros mismos.
Permite que tu amor contribuya a la curación de nuestro
planeta.

LOUISE L. HAY
Enero de 1991

Primera parte

Toma de conciencia

*Cuando ensanchamos nuestra forma
de pensar y nuestras creencias,
nuestro amor fluye libremente.
Cuando nos contraemos, nos
bloqueamos y aislamos.*

1

El poder interior

*Mientras más conectes con el Poder
que hay dentro de ti, más libre estarás
en todos los ámbitos de tu vida.*

¿Quiénes somos? ¿Por qué estamos aquí? ¿Qué creencias
tenemos sobre la vida? Durante miles de años, encontrar
las respuestas a estos interrogantes nos ha exigido «volvernos hacia dentro». Pero, ¿qué significa eso?

Yo creo que hay un Poder en el interior de cada uno de
nosotros capaz de orientarnos amorosamente hacia la salud
perfecta, las relaciones perfectas, la profesión perfecta, y
que nos puede ofrecer prosperidad de todo tipo. Para obtener estas cosas, primero tenemos que creer que son posibles. El segundo paso es estar dispuestos a «aflojar» las pautas o hábitos que nos crean situaciones que decimos que no
deseamos. ¿Cómo? Entrando dentro de nosotros y llaman-
do a nuestro Poder Interior, que sabe lo que nos conviene.
Si estamos dispuestos a volvernos hacia ese Poder que lle-

vamos dentro, que nos ama y nos sustenta, lograremos que nuestra vida sea próspera y esté llena de amor.

Pienso que nuestra mente está conectada con la Mente Única e Infinita; por lo tanto, todo el conocimiento y toda la sabiduría están siempre a nuestra disposición. Estamos conectados a esta Mente Infinita, a este Poder Universal que nos ha creado, por medio de una chispa de luz que hay dentro de nosotros: nuestro Yo Superior o Poder interior. El Poder Universal ama a todas sus creaciones. Su objetivo es el bien y lo dirige todo en nuestra vida. No sabe odiar ni mentir ni castigar. Es puro amor, libertad, entendimiento y comprensión. Es importante que nos volvamos hacia nuestro Yo Superior porque por medio de él recibimos nuestro bien.

Es preciso que comprendamos que podemos emplear este Poder de cualquier forma. Si elegimos vivir en el pasado y recordar continuamente todas las situaciones y circunstancias negativas que hemos experimentado, entonces nos estancaremos. Si tomamos la decisión consciente de no ser víctimas del pasado y de emprender la tarea de crearnos una vida nueva, contaremos con el apoyo de este Poder interior y empezaremos a tener experiencias nuevas y más felices. Yo no creo que existan dos poderes. Creo que existe Un Espíritu Infinito. Es demasiado fácil echar la culpa al demonio o a «ellos». En realidad sólo somos nosotros: o empleamos sabiamente el poder que poseemos o lo empleamos equivocadamente. ¿Tenemos al demonio en nuestro corazón? ¿Condenamos a los demás por ser diferentes de nosotros? ¿Qué es lo que escogemos?

¿Responsabilidad o culpa?

También creo que con nuestros pensamientos y sentimientos contribuimos a crear una situación, buena o mala, de nuestra vida. Nuestros pensamientos crean nuestros sentimientos, y vivimos de acuerdo con esos sentimientos y creencias. Esto no quiere decir que seamos culpables de las cosas que van mal en nuestra vida. Ser responsables es muy diferente de sentirnos culpables o culpar a otras personas.

Cuando hablo de responsabilidad, me refiero al hecho de tener poder. Si echamos la culpa de lo que nos pasa a alguien o algo externo, estamos regalando nuestro poder. La responsabilidad nos da el poder de efectuar cambios en nuestra vida. Si escogemos el papel de víctima, lo que hacemos es usar nuestro poder personal para ser impotentes. Pero si decidimos aceptar nuestra responsabilidad, entonces no perdemos el tiempo en culpar a los demás o a algo «exterior». Algunas personas se sienten culpables de crearse enfermedades, pobreza o problemas. Eligen interpretar la responsabilidad como culpa. (Algunas personas de los medios informativos llaman a esto «Culpa de la Nueva Era».) Se sienten culpables porque creen que en cierta forma han fracasado. Pero es que de un modo u otro suelen verlo todo como una cuestión de culpa, porque ésta es una forma más de convencerse de que son unas malas personas. No es eso lo que yo quiero decir.

Si podemos servirnos de nuestros problemas y enfermedades como de oportunidades para pensar cómo podemos cambiar nuestra vida, tenemos poder. Muchas personas que han pasado por enfermedades terribles dicen que eso fue lo más maravilloso que hubiera podido sucederles porque les dio la oportunidad de reemprender su vida de forma diferente. En cambio, hay muchas otras que van por ahí diciendo: «Soy una víctima, ¡ay de mí! Por favor, doctor, póngame bien». Creo que a estas personas les resultará muy difícil ponerse bien o simplemente afrontar sus problemas.

La responsabilidad es nuestra capacidad de reaccionar ante una situación. Siempre tenemos una opción. Esto no significa negar lo que somos y lo que tenemos en nuestra vida. Simplemente significa que podemos reconocer que hemos contribuido a estar donde estamos. Aceptando la responsabilidad tenemos el poder de cambiar. Podemos decir: «¿Qué puedo hacer para que esto sea diferente?». Es preciso entender que todos tenemos poder personal «en todo momento». Depende de cómo lo usemos.

Muchos de nosotros comenzamos a comprender ahora que provenimos de hogares problemáticos. Cargamos con muchísimos sentimientos negativos sobre nosotros mismos y nuestra relación con la vida. Mi infancia estuvo plagada de violencia, incluidos los abusos sexuales. Estaba hambrienta de amor y afecto y no tenía la más mínima autoestima. Incluso después de haber abandonado mi casa a los 15 años, continué sufriendo malos tratos de muchos tipos. Aún no había comprendido que esas pautas de pensamientos y sentimientos que había aprendido de muy pequeña eran lo que atraía hacia mí esos malos tratos.

Los niños suelen ser sensibles a la atmósfera mental de los adultos que les rodean. De modo que a edad muy temprana yo aprendí lo que eran el temor y los malos tratos, y cuando crecí continué recreando estas experiencias.

Ciertamente no sabía que tenía el poder de cambiarlas. Era despiadadamente cruel conmigo misma porque creía que la falta de amor y de afecto que sufría significaba que yo era una mala persona.

Todos los acontecimientos que has experimentado en tu vida hasta este momento han sido creados por tus pensamientos y creencias. No mires hacia atrás con vergüenza. Mira el pasado como parte de la riqueza y plenitud de tu vida. Sin esa riqueza y esa plenitud no estarías aquí hoy. No hay ningún motivo para castigarte por no haberlo hecho mejor. Lo hiciste todo tan bien como pudiste. Libera el pasado con amor y agradécele que te haya conducido a este nuevo conocimiento.

El pasado sólo existe en nuestra mente y en la forma en que elegimos verlo mentalmente. *Este* es el momento que estamos viviendo. *Este* es el momento que estamos sintiendo. *Este* es el momento que estamos experimentando. Lo que hacemos en este mismo instante es colocar los cimientos para el mañana. De modo que *este* es el momento de tomar la decisión. Nada podemos hacer mañana, ni tampoco ayer. Sólo podemos hacerlo hoy. Lo que importa es lo que elegimos pensar, creer y decir en este mismo momento.

Cuando comenzamos a responsabilizarnos conscientemente de nuestros pensamientos y palabras, entonces tenemos los instrumentos que podemos utilizar. Sé que esto parece muy sencillo, pero recuerda que la efectividad del poder está siempre en el momento presente.

Es importante que comprendas que no es tu mente quien está al mando. Eres tú quien gobierna tu mente. El Yo Superior tiene el mando. Puedes abandonar tus antiguas ideas. Cuando tu vieja forma de pensar intente regresar diciendo: «Es muy difícil cambiar», tú tienes que asumir el mando. Dile a tu mente: «Ahora elijo creer que me resulta fácil efectuar cambios. Es posible que tengas que conversar bastantes veces con tu mente para que reconozca y acepte que eres tú quien dirige, y que hablas en serio.

Imagínate que tus pensamientos son como gotas de agua. Un pensamiento, como una gota de agua, no es gran cosa. Cuando se repite una y otra vez, primero notas una mancha en la alfombra, después ya hay un pequeño charco, seguidamente una laguna, y a medida que los pensamientos continúan, se pueden transformar en un lago y finalmente en un océano. ¿Qué tipo de océano deseas crear? ¿Un océano contaminado y tóxico en el que no te puedas bañar? ¿O uno de aguas azules y cristalinas que te invite a disfrutar de su frescura?

—No puedo evitar pensar esto —suele decirme mucha gente.

—Sí que puedes —contesto yo invariablemente.

Recuerda, ¿cuántas veces te has negado a aceptar un pensamiento positivo? Sólo tienes que decirle a tu mente que ahora sí vas a aceptarlo. Decídete a dejar de pensar de forma negativa. Con esto no quiero decir que tengas que luchar contra tus pensamientos cuando desees cambiar cosas. Si surge un pensamiento negativo, dile sencillamente: «Gracias por participar». De esta forma no lo niegas ni tampoco le cedes tu poder. Habla contigo mismo: di que ya no estás dispuesto a tragarte la negatividad, que deseas crearte otra forma de pensar. Y repito, no es necesario que luches contra tus pensamientos negativos. Date por enterado de su presencia y continúa adelante dejándolos atrás. No te ahogues en el mar de tu propia negatividad cuando puedes nadar en el océano de la vida.

Has sido creado para ser una expresión maravillosa y amorosa de la vida. La vida está esperando que te abras a ella y te sientas digno del bien que te tiene reservado. La sabiduría y la inteligencia del Universo son tuyas para que las utilices. La vida está ahí para apoyarte. Ten la seguridad de que tu poder interior está a tu disposición.

Cuando se siente temor, va muy bien prestar atención a la respiración, al aliento que entra y sale de nuestro cuerpo. Ese aire, la substancia más preciosa de la vida, se nos da con liberalidad. Tenemos el suficiente para que nos dure tanto tiempo como vivamos. Aceptamos esa preciosa substancia casi sin pensar, y sin embargo dudamos de que la vida satisfaga nuestras otras necesidades. Ha llegado el momento de que conozcas tu propio poder y sepas qué es capaz de hacer. Entra a tu interior y descubre quién eres.

Todos tenemos opiniones diferentes. Tú tienes derecho a tener la tuya y yo tengo derecho a tener la mía. Suceda lo que suceda en el mundo, lo único que podemos hacer es lo que va bien para nosotros mismos. Es preciso que te comuniques con tu guía interior, porque es la sabiduría que conoce las respuestas adecuadas para ti. No es fácil escucharnos a nosotros mismos cuando los amigos y familiares nos dicen lo que hemos de hacer. Sin embargo, las respuestas a todos los interrogantes que se te van a plantear en tu vida están ahora mismo en tu interior.

Cada vez que dices «No sé», cierras la puerta a tu sabiduría interior. Los mensajes que recibes de tu Yo Superior son positivos y te fortalecen. Si recibes mensajes negativos, quiere decir que actúas desde tu ego y en un plano mental humano, e incluso tal vez desde tu imaginación, aunque con frecuencia los mensajes positivos nos llegan a través de la imaginación y los sueños.

Apóyate tomando las decisiones que te convienen. En caso de duda, pregúntate: «¿Esta decisión está inspirada por el amor a mí mismo? ¿Me conviene en estos momentos?». Es posible que después, un día, una semana o un mes más tarde, tomes otra decisión. Pero hazte estas preguntas en cada momento.

A medida que aprendemos a amarnos a nosotros mismos y a confiar en nuestro Poder Superior, nos convertimos en co-creadores con el Espíritu Infinito de un mundo benévolo y amante. Nuestro amor por nosotros mismos nos hace pasar de ser víctimas a ser triunfadores, y atraemos experiencias maravillosas. ¿Te has fijado que las personas que se sienten a gusto consigo mismas son naturalmente atractivas? Suelen tener cierta característica, un algo que es sencillamente maravilloso. Se sienten felices con su vida. Las cosas les resultan fáciles; no necesitan esforzarse por lograr nada.

Hace bastante tiempo aprendí que soy una con la Presencia y el Poder de Dios. Sé que la sabiduría y el entendimiento del Espíritu residen en mi interior y que estoy, por lo tanto, divinamente guiada en mi trato con las demás personas del planeta. Así como las estrellas y los planetas están en su órbita perfecta, así también yo estoy en el orden divino correcto. Puede que no lo entienda todo con mi mente humana limitada; pero en el plano cósmico, sé que estoy en el lugar correcto, en el momento correcto, haciendo lo que es correcto. Mi experiencia actual es un peldaño hacia nuevos conocimientos y oportunidades.

¿Quién eres? ¿Qué has venido a aprender aquí? ¿Qué has venido a enseñar? Todos tenemos un motivo único. Somos mucho más que nuestra personalidad, nuestros problemas, nuestro temores y enfermedades. Somos muchísimo más que nuestro cuerpo. Todos estamos conectados con los demás seres del planeta y con toda la vida. Todos somos espíritu, luz, energía, vibración y amor; todos tenemos el poder de vivir nuestra vida con finalidad y sentido.

2

En pos de mi voz interior

*Los pensamientos que elegimos pensar son
los instrumentos que empleamos para pintar
el lienzo de nuestra vida.*

Recuerdo la primera vez que escuché que yo podía cambiar
mi vida si estaba dispuesta a cambiar mis pensamientos. Me
pareció una idea totalmente revolucionaria. En esa época yo
vivía en Nueva York y descubrí la Iglesia de la Ciencia Religiosa. (A menudo se confunde la iglesia de la Ciencia
Religiosa, o Ciencia de la Mente, fundada por Ernest Holmes, con la Iglesia de la Ciencia Cristiana, fundada por
Mary Baker Eddy. Ambas reflejan un «nuevo pensamiento», pero son filosofías distintas.)

La Ciencia de la Mente tiene pastores y miembros acti-
vos que siguen las enseñanzas de la Iglesia de la Ciencia
Religiosa. Ellos fueron las primeras personas que me dijeron que mis pensamientos determinaban mi futuro. Aun
cuando no entendí lo que querían decir, este concepto tocó

lo que yo llamo la «campanilla interior», ese lugar de intuición que solemos llamar la «voz de dentro». Con los años
he aprendido a seguirla, porque cuando esa campanilla
suena diciendo «sí», aun en el caso de que parezca una decisión loca, sé que para mí es la correcta.

Así pues, esos conceptos pulsaron una cuerda en mí.
Algo me dijo: «Sí, son correctos». Entonces comencé la
aventura de aprender la forma de cambiar mis pensamientos. Una vez acepté la idea y dije «sí», comencé a aprender
los cómos. Leí muchísimos libros, mi casa empezó a pare-
cerse a las de algunos de nosotros, atestada de libros espirituales y de autoayuda. Durante muchos años asistí a clases;
investigué todo lo relacionado con el tema. Literalmente
me sumergí en la filosofía del «nuevo pensamiento». Era la
primera vez en mi vida que estudiaba. Hasta entonces no
había creído en nada. Mi madre era católica no practicante,
y mi padrastro, ateo. No sé por qué tenía la extraña idea de
que los cristianos o bien usaban cilicios o eran comidos por
los leones, y ninguna de las dos cosas me entusiasmaba en
lo más mínimo.

En realidad me dediqué a ahondar en la Ciencia de la
Mente porque era el camino que se abría ante mí en esos
momentos, y la encontré francamente maravillosa. Al principio me pareció más bien fácil. Capté algunos pocos conceptos y empecé a pensar y a hablar de forma un poquitín
diferente. En aquel tiempo yo era muy quejica, era toda
autocompasión. Sencillamente me encantaba revolcarme
en la depresión. No sabía que así iba perpetuando constantemente experiencias que me permitieran continuar
compadeciéndome. Pero claro, en ese tiempo yo no conocía nada mejor. Poco a poco fui descubriendo que ya no
me quejaba tanto.

Comencé a escuchar lo que decía. Me di cuenta de que era muy crítica conmigo misma y traté de dejar de serlo. Me dediqué a balbucear afirmaciones sin saber muy bien lo que querían decir. Comencé con las fáciles, por supuesto, y empecé a notar ciertos cambios: lograba tener luz verde en los semáforos y encontraba sitios para aparcar, y esto me pareció fabuloso. Poco tiempo después ya pensaba que lo sabía todo, y me comportaba de forma engreída, arrogante y dogmática. Creía saber todas las respuestas. Ahora, al mirar hacia atrás, pienso que ésa era mi manera de sentirme segura en este nuevo camino.

Suele dar miedo alejarse de las viejas y rígidas creencias, sobre todo si se ha estado totalmente controlado. Para mí era bastante espantoso, por lo cual me aferraba a cualquier cosa que me diera un poco de seguridad. Era un comienzo, todavía me quedaba mucho camino por recorrer. Y aún me queda.

Como suele pasarnos a todos, no siempre encontraba la senda cómoda y llana, porque a veces no daba resultado balbucear afirmaciones, cosa que no podía entender. Me preguntaba: «¿Qué es lo que hago mal?». Inmediatamente me culpaba. ¿Sería eso otra demostración de que yo no valía para nada? En ese tiempo ésa era una de mis creencias predilectas.

Por esa época mi maestro Eric Pace solía mirarme y hablar del concepto de «rencor». Yo no tenía la menor idea de qué me estaba hablando. ¿Rencor, yo? Vamos, seguro que no sentía ningún rencor. Después de todo me encontraba en mi camino, era perfecta espiritualmente. ¡Qué poco me conocía entonces!

Continué haciéndolo todo lo mejor posible. Estudiaba metafísica y espiritualidad y aprendía a conocerme tanto como podía. Captaba todo lo que me era posible, y a veces lo ponía en práctica. Suele suceder que escuchamos muchísimas cosas, a veces las comprendemos, pero no siempre las practicamos. Me parecía que el tiempo transcurría demasiado deprisa y a esas alturas yo ya llevaba tres años estudiando la Ciencia de la Mente: ya era miembro activo de la Iglesia. Comencé a enseñar su filosofía, pero no lograba explicarme por qué mis alumnos parecían confusos. No entendía por qué seguían estancados en sus problemas. Yo les daba tantos buenos consejos... ¿Por qué no los aprovechaban? Nunca me pasó por la mente pensar que yo hablaba mucho de la verdad, pero la vivía muy poco. Era como un padre que le dice a su hijo lo que tiene que hacer mientras él hace exactamente lo contrario.

Entonces un día, de forma totalmente inesperada, me diagnosticaron un cáncer de vagina. Mi primera reacción fue de terror. Después tuve mis dudas sobre si todo lo que estaba aprendiendo tenía algún valor. Fue una reacción normal y natural. Pensé: «Si estuviera tranquila y centrada, no tendría por qué haber creado la enfermedad». Ahora pienso que en el momento en que me diagnosticaron el cáncer me sentía lo suficientemente segura para dejarlo aflorar a la superficie y no hacer de él otro secreto oculto que no sabría hasta la hora de mi muerte.

Por entonces yo ya sabía demasiado como para seguir ocultándome de mí misma. Sabía que el cáncer es un malestar provocado por el resentimiento, un resentimiento que se lleva dentro tanto tiempo que acaba por carcomer el cuerpo. Cuando reprimimos las emociones en nuestro interior, éstas tienen que concentrarse en algún lugar del cuerpo. Si nos pasamos la vida enterrando cosas, finalmente se manifestarán en una parte u otra de nuestro cuerpo.

Tomé conciencia de que el rencor (al que mi profesor se había referido tantas veces) que llevaba dentro tenía que ver con haber sido maltratada física, emocional y sexualmente cuando era niña. Evidentemente, albergaba resentimiento. Estaba amargada, y era implacable con el pasado. Jamás había hecho ningún ejercicio para cambiar o para liberar la amargura y dejarla atrás. Cuando me marché de casa, eso era todo lo que pude hacer para olvidar lo que me había sucedido; creía haberlo dejado atrás cuando en realidad sencillamente lo había enterrado.

Cuando encontré mi senda metafísica, cubrí mis sentimientos con un precioso barniz de espiritualidad y escondí muchísima basura dentro de mí. Me rodeé de un muro que literalmente me impedía comunicarme con mis propios sentimientos. No sabía quién era ni dónde estaba. Después del diagnóstico, comenzó el verdadero trabajo de aprender a conocerme. Gracias a Dios, tenía instrumentos. Sabía que para conseguir cambios permanentes necesitaba entrar en mi interior. Sí, el médico me operaría y posiblemente me curaría por el momento, pero si yo no cambiaba la forma en que usaba mis pensamientos y palabras, sin duda alguna volvería a crearme la enfermedad.

Siempre me ha interesado saber en qué lugar del cuerpo colocamos nuestros cánceres, en qué lado del cuerpo están nuestros tumores, el izquierdo o el derecho. El derecho es el lado masculino, de donde damos. El izquierdo es el lado femenino, la parte receptiva, de donde recibimos. Casi siempre en mi vida, cuando algo ha ido mal en mi cuerpo, siempre se trataba del lado derecho. Allí era donde acumulaba todo el rencor que sentía hacia mi padrastro.

Ya no me satisfacían las luces verdes de los semáforos ni los sitios para aparcar. Sabía que tenía que cavar mucho, mucho más hondo. Comprendí que en realidad no hacía todos los progresos que deseaba porque no había limpiado esa vieja basura de la niñez, y que no vivía realmente lo que enseñaba. Tenía que reconocer a mi niña interior y trabajar con ella. Mi niña interior necesitaba ayuda porque aún estaba sufriendo mucho.

Rápidamente comencé un programa de autocuración que me tomé muy en serio. Me concentré absolutamente en mí y me despreocupé de todo lo demás. Mi finalidad era ponerme bien, y me entregué a ello en cuerpo y alma. Algunas de las tareas eran bastante extrañas, pero las hacía. Después de todo se trataba de mi vida. Durante los seis meses siguientes esto fue un trabajo de 24 horas al día. Comencé a leer y estudiar todo lo que pude encontrar sobre formas alternativas de curar el cáncer porque de verdad creía que se podía hacer. Seguí un régimen de limpieza que purificara mi cuerpo de toda la porquería que había comido durante años. Me parecía que sólo vivía de brotes y puré de espárragos. Claro que comía otras cosas, pero eso es lo que más recuerdo.

Con mi terapeuta y profesor de la Ciencia de la Mente, Eric Pace, trabajé para limpiar mis pautas mentales con el fin de que el cáncer no se reprodujera. Hacía afirmaciones y visualizaciones, y seguí tratamientos espirituales para la mente. También trabajaba diariamente con el espejo. Lo que me resultaba más difícil de decir eran las palabras: «Te amo, de verdad te amo». Me costó muchísimas lágrimas y muchos ejercicios de respiración lograrlo. Cuando lo conseguí, fue como si hubiera dado un salto cuántico. Acudí a un buen psicoterapeuta especialista en ayudar a la gente a liberar la rabia. Durante esa época, me pasaba buenos ratos golpeando cojines y chillando. Fue maravilloso. Me parecía tan fabuloso porque jamás, jamás había tenido permiso para hacer eso en toda mi vida.

No sé muy bien qué método dio resultado; tal vez un poquito de cada uno. Por encima de todo fui verdaderamente consecuente con lo que hacía. Practicaba durante todas mis horas de vigilia. Antes de dormirme me daba las gracias por todo lo que había hecho durante el día. Hacía la afirmación de que mi proceso de curación se realizaba en mi cuerpo mientras dormía y que a la mañana siguiente despertaría sintiéndome bien, renovada y con nuevas energías. Cuando me despertaba por la mañana, agradecía a mi cuerpo el trabajo realizado durante la noche. Afirmaba que estaba dispuesta a crecer y aprender cada día y a hacer cambios sin considerarme una mala persona.

También trabajé para comprender y perdonar. Una de las formas de hacerlo fue averiguar todo lo posible sobre la infancia de mis padres. Empecé a comprender que en realidad no podrían haber hecho de manera diferente nada de lo que hicieron debido a la forma en que fueron criados. A mi padrastro lo maltrataron en su hogar, y él hizo lo mismo con sus hijos. Mi madre fue educada en la creencia de que el hombre siempre tiene razón y la mujer debe estar a su lado y dejar que haga lo que quiera. Nadie les enseñó una forma diferente de vivir. Ése era su estilo de vida. Paso a paso, mi creciente comprensión me capacitó para comenzar el proceso del perdón.

Cuanto más perdonaba a mis padres, más dispuesta me sentía a perdonarme a mí misma. Perdonarnos a nosotros mismos es tremendamente importante. Muchos hacemos a nuestro niño interior el mismo daño que nos hicieron nuestros padres. Sencillamente continuamos maltratándolo, y eso es muy triste. Cuando éramos niños y otras personas nos maltrataban, no teníamos muchas opciones, pero es terrible que de mayores seamos nosotros quienes maltratemos a nuestro niño interior.

A medida que me perdonaba, comencé a confiar en mí misma. Descubrí que cuando no confiamos en la vida o en los demás, lo que en realidad pasa es que no confiamos en nosotros mismos. No confiamos en nuestro Yo Superior para que cuide de nosotros en todas las situaciones, y por eso decimos: «Nunca volveré a enamorarme porque no quiero sufrir», o «Nunca permitiré que esto vuelva a suceder». Lo que realmente estamos diciéndonos es: «No confío en ti lo suficiente para dejar que cuides de mí, de modo que me voy a mantener lejos de todo».

Finalmente comencé a confiar en mí misma lo suficiente para cuidar de mí, y entonces se me fue haciendo cada vez más fácil amarme. Mi cuerpo estaba sanando y mi corazón también.

Mi crecimiento espiritual me llegó de esa manera tan inesperada.

Como premio añadido, comencé a parecer más joven.

Los clientes que atraía eran casi todos personas dispuestas a trabajar en ellos mismos. Progresaban enormente casi sin que yo les dijera nada. Percibían y sentían que yo vivía los conceptos que enseñaba, y les resultaba fácil aceptar estas ideas. Entonces, por supuesto, conseguían buenos resultados. Comenzaron a mejorar la calidad de su vida. Una vez que empezamos a estar en paz con nosotros mismos interiormente, la vida parece transcurrir de modo mucho más agradable.

Así pues, ¿qué me enseñó a mí esta experiencia? Comprendí que tenía el poder de cambiar mi vida si estaba dispuesta a cambiar mis pensamientos y a dejar marchar los hábitos que me retenían en el pasado. Esta experiencia me aportó el conocimiento interior de que si realmente estamos dispuestos a trabajar, podemos hacer cambios increíbles en nuestra mente, en nuestro cuerpo y en nuestra vida.

Estés donde estés, suceda lo que suceda, hagas lo que hagas, siempre lo harás todo lo mejor que puedas con el entendimiento, el conocimiento y la información que tengas en cada momento. Y cuando sepas más, harás las cosas de otra manera, como hice yo. No te regañes por estar donde estás. No te culpes por no hacer algo más rápido o mejor. Di: «Lo hago lo mejor que puedo, y aunque ahora esté metido en un lío, de alguna forma saldré de él, de modo que a buscar la mejor manera de hacerlo». Si lo único que haces es decirte que eres un estúpido y que no vales nada, entonces te quedarás estancado. Para llevar a cabo los cambios que deseas hacer, necesitas tu propio y amoroso aliento.

Los métodos que yo empleo no son míos. La mayor parte de ellos los aprendí de la Ciencia de la Mente, que es lo que fundamentalmente enseño. Sin embargo, estos principios son tan viejos como el tiempo. En las antiguas enseñanzas espirituales, encontrarás los mismos mensajes. He recibido la preparación necesaria para ser ministro de la Iglesia de la Ciencia Religiosa, sin embargo, no tengo iglesia. Soy un espíritu libre. Doy mis enseñanzas en lenguaje sencillo para que lleguen a mucha gente. Esta senda es una manera maravillosa de organizar la cabeza y de comprender verdaderamente de qué va la vida. Cuando comencé todo esto, hará unos veinte años, no tenía ni la más remota idea de que sería capaz de dar esperanza y ayudar a tanta gente como hago hoy.

3

El poder de la palabra hablada

Cada día afirma lo que deseas en la vida.
Dilo como si ya lo tuvieras.

La ley de la mente

Existe la ley de la gravedad, así como varias otras leyes físicas cuyo funcionamiento no comprendo. Hay leyes espirituales, como la de causa y efecto: «Lo que das se te devuelve». También hay una ley de la mente. No sé cómo funciona, del mismo modo que tampoco sé cómo funciona la electricidad. Sólo sé que cuando acciono el interruptor se enciende la luz.

Yo creo que cuando tenemos una idea o cuando pronunciamos una palabra o una frase, de alguna manera salen de nosotros convertidas en una ley de la mente y nos vienen de vuelta convertidas en experiencias.

Ahora estamos comenzando a aprender la correlación entre lo mental y lo físico. Estamos comenzando a entender cómo funciona la mente y que nuestros pensamientos son creativos. Los pensamientos pasan con mucha rapidez por nuestra mente, por lo cual es sumamente difícil darles forma. La boca, por su parte, es más lenta. De modo que si empezamos a dirigir nuestra forma de hablar, escuchando lo que decimos y no dejando que salgan de nuestra boca palabras negativas, podremos ir dando otra forma a nuestros pensamientos.

La palabra hablada tiene un poder enorme, y muchos de nosotros no nos damos realmente cuenta de su importancia. Consideremos las palabras como los cimientos de lo que creamos continuamente en nuestra vida. Todo el tiempo estamos utilizando palabras; sin embargo, a veces no pasan de ser un balbuceo, porque en realidad no pensamos lo que decimos ni cómo lo decimos. Prestamos muy poca atención a la elección de nuestras palabras. De hecho, la mayoría de nosotros suele hablar en términos negativos.

Cuando éramos pequeños se nos enseñó gramática. Nos enseñaron a seleccionar las palabras según las reglas gramaticales. Sin embargo, yo he comprobado que éstas cambian constantemente, y que lo que era impropio en una época es correcto en otra, y viceversa. Palabras que antes se consideraban vulgares e inaceptables actualmente son de uso común. Pero la gramática no toma en cuenta el significado de las palabras ni la forma en que influyen en nuestra vida.

En la escuela a mí no se me enseñó que mi elección de palabras tuviera algo que ver con lo que iba a experimentar en mi vida. Nadie me enseñó que mis pensamientos eran creativos, ni que podían literalmente conformar mi vida. Nadie me dijo que lo que yo daba en forma de palabras volvería a mí en forma de experiencias. El objetivo de la regla de oro es enseñarnos una ley de vida muy elemental: «Haz a los demás lo que deseas que te hagan a ti». Lo que damos se nos devuelve. Esto nunca tuvo por finalidad hacernos sentir culpables. Nadie jamás me dijo que yo era digna de amor o que merecía el bien. Y nadie me enseñó que la vida estaba ahí para apoyarme.

Recuerdo que cuando era niña mis compañeros y yo solíamos insultarnos y decirnos cosas muy crueles e hirientes, y nos tratábamos mutuamente con desdén. ¿Pero por qué hacíamos eso? ¿Dónde habíamos aprendido ese comportamiento? Veamos lo que se nos enseñaba. A muchos de nosotros nuestros padres nos repetían una y otra vez que éramos estúpidos, bobos, perezosos e inútiles. Éramos una molestia y no valíamos lo suficiente. Más de algún pequeño escuchó a sus padres lamentarse y decir que ojalá no hubiera nacido. Tal vez nos encogimos asustados al escuchar esas palabras, pero no comprendimos lo profundamente clavados que quedarían el dolor y la herida.

Cómo cambiar el diálogo interno

Demasiado a menudo aceptamos los primeros mensajes que recibimos de nuestros padres. Escuchamos cómo nos decían «Cómete las espinacas», «Limpia tu cuarto» o «Haz tu cama», e interpretamos que debíamos hacerlo para que nos amaran. Entendimos que sólo éramos aceptables si hacíamos ciertas cosas; que la aceptación y el amor eran condicionales. Sin embargo, se trataba del concepto de otra persona sobre lo que era digno, y no tenía nada que ver con nuestro propio y profundo valor personal. Nos quedó la idea de que sólo podíamos existir si hacíamos esas cosas para agradar a los demás; de otra forma no teníamos ni siquiera el permiso para existir.

Estos primeros mensajes contribuyen a configurar lo que yo llamo diálogo interno, es decir, la forma en que nos hablamos a nosotros mismos. El diálogo interno es muy importante, porque constituye la base de nuestras palabras habladas, crea el ambiente mental según el cual vamos a actuar y determina la clase de experiencias que atraeremos. Si nos despreciamos o subvaloramos, la vida va a significar muy poco para nosotros. En cambio, si nos amamos y valoramos, entonces la vida puede ser un don precioso, un maravilloso regalo.

Si somos desdichados o nos sentimos frustrados o insatisfechos, es muy fácil echar la culpa a nuestros padres o a los demás. Sin embargo, cuando lo hacemos, nos quedamos atascados en esa situación, en nuestros problemas o frustraciones. Las palabras de culpa no nos proporcionan libertad. Recuérdalo, hay poder en nuestras palabras. Lo repito, nuestro poder proviene de hacernos responsables de nuestra vida. Ya sé que eso de ser responsable de nuestra propia vida suena un poco intimidante, pero es que en realidad lo somos, tanto si lo aceptamos como si no. Y para ser verdaderamente responsables de nuestra vida, tenemos que hacernos responsables de nuestra boca. Las palabras y frases que decimos son una prolongación de nuestros pensamientos.

Empieza a prestar atención a lo que dices. Si pronuncias palabras negativas o limitadoras, cámbialas. Cuando escucho alguna historia o anécdota negativa, no voy por ahí contándosela a todo el mundo. Creo que ya ha ido demasiado lejos y dejo que se vaya. En cambio, si escucho una historia positiva se la cuento a todo el mundo.

Cuando estés con otras personas, presta atención a lo que dicen y a cómo lo dicen. Trata de relacionar lo que dicen con lo que están experimentando en su vida. Muchísima gente vive a base de «debería». Cuando escucho la palabra «debería», es como si sonara una campanilla en mi oído. Hay personas a las que se la he escuchado decir, y con frecuencia, hasta más de diez veces en un solo párrafo. Estas mismas personas no se explican por qué su vida es tan rígida ni por qué no logran cambiar su situación. Desean controlar cosas que no pueden controlar. Entonces, o bien se culpan a sí mismas o culpan a otra persona. Y después se preguntan por qué no llevan una vida de libertad.

También podemos eliminar la expresión «tengo que» de nuestro vocabulario y de nuestro pensamiento. Cuando lo hagamos, liberaremos todas las presiones que nos autoimponemos. Nos creamos enormes presiones cuando decimos: «Tengo que ir a trabajar. Tengo que hacer esto. Tengo que... Tengo que...». En su lugar comencemos a decir: «Elijo...». «Elijo ir al trabajo porque me da dinero para pagar el alquiler». «Elijo» da una perspectiva totalmente diferente a nuestra vida. Todo lo que hacemos es por elección, incluso aunque no lo parezca.

Muchas personas usamos también la palabra «pero». Hacemos una afirmación y luego añadimos «pero», lo cual nos orienta en dos direcciones diferentes. Nos enviamos mensajes contradictorios. La próxima vez que hables presta atención al uso que haces de la palabra «pero».

Otra expresión a la que tenemos que prestar atención es «no olvides». Estamos habituados a decir: «No olvides esto o aquello». Y, ¿qué pasa? Que lo olvidamos. Lo que de verdad necesitamos es recordar, no olvidar, de modo que podemos comenzar a emplear la expresión «por favor, recuerda» en lugar de «no olvides».

Cuando te despiertas por la mañana, ¿maldices el hecho de tener que ir a trabajar? ¿Te quejas del tiempo? ¿Te quejas de que te duele la cabeza o la espalda? ¿Qué es lo que piensas o dices en segundo y tercer lugar? ¿Les chillas a tus hijos para que se levanten? La mayoría de las personas dicen más o menos las mismas cosas cada mañana. ¿Cómo hace que empiece tu día lo que dices? ¿Es un comienzo positivo, alegre y maravilloso? ¿O es malhumorado y crítico? Si te lamentas, gruñes y maldices, esas son las bases que sentarás para ese día.

¿Cuáles son tus últimos pensamientos antes de dormirte? ¿Son potentes pensamientos curativos, o son de inquietud por tu pobreza? Los pensamientos de pobreza no sólo se refieren a la escasez de dinero; son formas negativas de ver cualquier aspecto de tu vida, cualquier cosa que no fluye libremente en tu vida. ¿Te preocupa el mañana? Yo suelo leer algo positivo antes de dormirme. Soy consciente de que mientras duermo hago muchísima limpieza que me prepara para el día siguiente.

Me resulta muy útil traspasar a mis sueños los problemas o interrogantes que tenga. Sé que mis sueños me ayudarán a resolver cualquier cosa que suceda en mi vida.

Yo soy la única persona que puede pensar en mi mente, así como tú eres la única persona que puede pensar en la tuya. Nadie nos puede obligar a pensar de forma diferente. Nosotros escogemos nuestros pensamientos, que constituyen la base de nuestro «diálogo interno». A medida que iba comprobando cómo funcionaba cada vez más en mi vida este proceso, vivía más de acuerdo con lo que enseñaba a los demás. Vigilaba de verdad mis palabras y pensamientos y a cada momento me perdonaba por no ser perfecta. En lugar de luchar por ser una persona excelente que fuera aceptable a los ojos de los demás, me di permiso para ser yo misma.

Cuando por vez primera comencé a confiar en la vida y a considerarla como un lugar acogedor, me sentí más ligera. Mi humor se hizo menos mordaz y más auténticamente divertido. Trabajé para liberar toda crítica y todo juicio de mí misma y de los demás. Dejé de contar historias catastróficas. Somos tan rápidos para propagar las malas noticias... Es francamente increíble. Dejé de leer los periódicos y renuncié al telediario de la noche, porque toda la información que daban se refería a desastres y violencia y contenía muy pocas buenas noticias. Me di cuenta de que la mayoría de la gente en realidad no desea escuchar buenas noticias. Les encanta escuchar malas noticias, para tener algo de qué quejarse. Somos demasiadas las personas que contamos una y otra vez las mismas historias negativas hasta convencernos de que sólo existe el mal en el mundo. Durante un tiempo hubo una emisora de radio que se dedicó a dar solamente noticias buenas. Quebró.

Cuando enfermé de cáncer decidí abandonar todo chismorreo. Con gran sorpresa por mi parte, descubrí que ya no tenía nada que decirle a nadie. Me di cuenta de que cada vez que me encontraba con algún amigo, inmediatamente me ponía a comentar con él el último chisme o trapo sucio. Finalmente descubrí que había otras formas de conversar, aunque éste no fue un hábito fácil de romper. De todas maneras, si yo murmuraba de otras personas, lo más probable era que éstas hicieran lo mismo conmigo, pues lo que damos lo recibimos de vuelta.

Comencé a tratar con más y más personas y a escuchar lo que decían. Empecé a prestar atención a las palabras, no sólo al tema general. Después de diez minutos con un nuevo cliente, generalmente sabía con exactitud la causa de su problema, porque escuchaba las palabras que utilizaba. Era capaz de comprenderlo por su forma de hablar. Sabía que sus palabras contribuían a crear y agravar su problema. Si al hablar empleaba palabras negativas, ¿te imaginas cómo debía ser su «diálogo interno»? Evidentemente, la programación negativa era la que dominaba: los pensamientos de pobreza, como yo los bauticé.

Un sencillo ejercicio que te sugiero hacer es colocar un magnetófono junto a tu teléfono y grabar la conversación que tenga lugar cada vez que hagas o recibas una llamada. Cuando la cinta esté llena por ambos lados, escúchala, escucha lo que has dicho y cómo lo has dicho. Lo más probable es que te sorprendas. Escucharás las palabras que empleas y la inflexión de tu voz. Empezarás a tomar conciencia. Si observas que repites algo tres o más veces, anótalo, porque se trata de una clave o pauta. Puede que algunas de tus pautas sean alentadoras, pero también puede haber otras muy negativas.

El poder del subconsciente

A la luz de lo que he dicho hasta aquí, deseo analizar el poder de nuestro subconsciente. Nuestro subconsciente no hace juicios. Acepta todo lo que decimos, y crea en concordancia con nuestras creencias. Siempre dice «sí». Nuestro subconsciente nos ama y nos proporciona lo que nosotros afirmamos. Pero tenemos elección. Si elegimos conceptos y creencias de pobreza, entonces el subconsciente supondrá que eso es lo que deseamos, y continuará dándonos estas cosas hasta que decidamos cambiar nuestros pensamientos, palabras y creencias por otros mejores. Nunca estamos obstaculizados porque siempre podemos volver a elegir. Hay millones y millones de pensamientos entre los cuales podemos escoger.

Nuestro subconsciente no sabe distinguir entre lo verdadero y lo falso, o entre lo correcto y lo incorrecto. No nos conviene desaprobarnos de ninguna manera. No nos conviene decir algo así como «¡Ay, estúpido de mí!», porque el subconsciente escuchará ese diálogo interno y al cabo de un tiempo nos sentiremos realmente estúpidos. Si lo repetimos mucho se convertirá en una convicción en nuestro subconsciente.

Os diré una verdad muy importante: el subconsciente no tiene sentido del humor. Es muy importante saberlo y comprenderlo. No se puede hacer una broma respecto a uno mismo y pensar que eso no tiene importancia. Cualquier frase despectiva que pronuncies sobre ti mismo, aun cuando la digas con la intención de ser ingenioso o divertido, tu subconsciente la aceptará como verdadera. Yo no permito que se hagan chistes despectivos en mis talleres o seminarios. Admito chistes verdes o de cualquier otro tipo, pero no chistes que muestren desprecio por una nacionalidad, raza, sexo, color, etcétera.

De modo que no hagas chistes ni comentarios despectivos sobre ti, ya que no te crearán buenas experiencias. Tampoco los hagas sobre otras personas. El subconsciente no distingue entre ti y los demás. Escucha las palabras y cree que hablas de ti mismo. La próxima vez que te sientas tentado a criticar a alguien, pregúntate por qué piensas eso de ti mismo. Vemos en los demás sólo aquello que vemos en nosotros mismos. En lugar de criticar a los demás, elógialos, y verás cómo dentro de un mes notarás un enorme cambio en ti.

Nuestro mundo es en realidad un asunto de enfoque y actitud. Fíjate en la forma en que se expresan las personas solas, desdichadas, pobres, enfermas. ¿Qué palabras emplean? ¿Qué han aceptado como verdad sobre sí mismas? ¿Cómo se describen a sí mismas? ¿Cómo describen su trabajo, su vida, sus relaciones? ¿Qué esperan de la vida? Presta atención a sus palabras, pero por favor, no vayas por ahí diciéndoles a personas desconocidas que están arruinando su vida por la forma en que hablan. Tampoco lo hagas con tus familiares y amigos, porque no te lo agradecerán ni valorarán la información. Pero sí usa esta información para iniciar una nueva relación contigo mismo, y llévala a la práctica si deseas que tu vida cambie, porque incluso en el más pequeñísimo plano, si cambias tu forma de hablar, también cambiarán tus experiencias.

Si estás enfermo y crees que tu enfermedad es incurable, que te vas a morir y que la vida es una miseria porque nada te funciona... ¿adivinas qué pasa?

Puedes elegir renunciar a tu concepto negativo de la vida. Empieza por afirmar que eres una persona amable (digna de amor), digna de curarte, y que atraes todo lo que necesitas en el aspecto físico para sanar. Afirma que estás dispuesto a ponerte bien y que puedes hacerlo confiadamente porque estás a salvo.

Muchas personas solamente se sienten a salvo cuando están enfermas. Suelen ser del tipo que tienen dificultad para decir «no». La única forma en que pueden negarse a hacer algo es diciendo: «Me siento demasiado mal para hacerlo». Es la excusa perfecta. Recuerdo a una mujer que asistía a mis talleres. Ya llevaba tres operaciones de cáncer. Era incapaz de decir «no» a nadie. Su padre era médico y ella era una buena hija, de manera que todo lo que papá decía que ella debía hacer lo hacía. Le resultaba imposible decir «no». Le pidieras lo que le pidieras, ella tenía que decir «sí». Llevó cuatro días lograr que por fin chillara «¡No!» a todo pulmón. Logré que lo hiciera agitando el puño. «¡No, no y no!» Una vez que consiguió hacerlo, le encantó.

He comprobado que muchas mujeres que enferman de cáncer de mama no saben decir «no». Nutren a todo el mundo excepto a ellas mismas. Una de las cosas que recomiendo a las mujeres que tienen cáncer de mama es que aprendan a decir: «No; no quiero hacerlo, no». Dos o tres meses de decir «no» a todo, y las cosas empiezan a cambiar. Las mujeres necesitamos nutrirnos diciendo: «Deseo hacer esto, y no lo que tú quieres que haga».

Cuando yo tenía mi consultorio particular, solía escuchar a mis clientes hablar de sus limitaciones. Siempre deseaban que yo supiera por qué motivo estaban estancados. Si creemos que estamos estancados y aceptamos que lo estamos, entonces sin duda estaremos estancados. Nos quedamos «estancados» porque así se satisfacen nuestras creencias negativas. En lugar de eso, comencemos a centrar nuestra atención en nuestras fuerzas.

Muchas personas me han dicho que mis cintas les han salvado la vida. Deseo que comprendas que ningún libro ni ninguna cinta te va a salvar. Un trocito de cinta en una cajita de plástico no te va a salvar la vida. Lo que importa es lo que «tú» haces con esa información. Yo puedo darte muchísimas ideas, pero lo que hagas con ellas es lo que cuenta. Te sugiero que escuches alguna cinta en particular una y otra vez durante un mes o más para que las ideas que contiene se conviertan en una nueva pauta de comportamiento. Yo no soy tu salvadora ni tu sanadora. La única persona que va a realizar un cambio en tu vida eres tú.

Ahora bien, ¿cuáles son los mensajes que deseas escuchar? Ya sé que esto lo repito una y otra vez: «Amarnos a nosotros mismos es lo más importante que podemos hacer, porque cuando nos amamos, no nos hacemos daño ni tampoco se lo hacemos a ninguna otra persona». Es la receta para la paz mundial. Si yo no me hago daño y no te hago daño, ¿cómo podemos estar en guerra? Cuantas más personas lleguemos a ese lugar, mejor será el planeta. Comencemos a tomar conciencia de lo que sucede escuchando las palabras que decimos, en nuestro diálogo interno y en el diálogo con los demás. Entonces podremos empezar a realizar los cambios que nos ayudarán a curarnos a nosotros mismos y al resto del planeta.

4

Reprogramación de cintas viejas

Decídete a dar el primer paso por pequeño que sea. Concéntrate en el hecho de que estás dispuesto a aprender. Sucederán verdaderos milagros.

Las afirmaciones dan resultado

Ahora que sabemos un poco más acerca de lo poderosos que son nuestros pensamientos y palabras, es preciso que reeduquemos nuestra forma de pensar y de hablar, con la práctica de pautas positivas. De esta forma lograremos resultados beneficiosos. ¿Estás dispuesto a cambiar tu diálogo interno y a convertirlo en afirmaciones positivas? Recuerda que cada vez que tienes un pensamiento y cada vez que dices una palabra, estás haciendo una afirmación.

Una afirmación es un punto de partida. Nos abre el camino hacia el cambio. En el fondo es decirle al subconsciente: «Yo asumo la responsabilidad. Sé que hay algo que puedo hacer para cambiar». Cuando hablo de «hacer afirmaciones» me refiero al hecho de elegir frases o palabras que contribuyan a eliminar algo de nuestra vida o a crear algo nuevo, y esto ha de hacerse de forma positiva. Si dices: «No quiero volver a enfermar», el subconsciente retiene el concepto en el que has puesto el énfasis, es decir, «enfermar». Es preciso decirle claramente lo que uno quiere: «Me siento fabulosamente bien. Irradio buena salud».

El subconsciente es muy directo y honrado. No tiene intenciones ocultas ni usa estrategias. Lo que oye es lo que hace. Si dices: «Odio este coche», no te proporcionará un coche nuevo y maravilloso porque no sabrá qué es lo que quieres. Incluso si compras un coche nuevo probablemente lo vas a odiar muy pronto porque eso es lo que tú has estado repitiendo constantemente. El subconsciente sólo oye: «Odio este coche». Es necesario enunciar los deseos de forma positiva; por ejemplo: «Tengo un fabuloso coche nuevo que se adapta a todas mis necesidades».

Cuando hay en mi vida algo que verdaderamente me disgusta, he descubierto que una de las maneras ms rápidas de eliminarlo es «bendecirlo con amor». «Te bendigo con amor y te libero, te dejo marchar.» Esto funciona con personas, situaciones, objetos y casas. Incluso se puede probar con algún hábito del que uno desea librarse y ver qué sucede. Conocí a un hombre que cada vez que fumaba un cigarrillo decía: «Te bendigo con amor y te libero de mi vida». Unos cuantos días después, el deseo de fumar era bastante menor; a las pocas semanas el hábito había desaparecido.

Te mereces el bien

¿Qué es lo que verdaderamente deseas en este momento? ¿Qué anhelas hoy que haya en tu vida? Piénsalo y después di: «Acepto _____ (lo que sea que desees)». Aquí es donde me parece que la mayoría de la gente se queda estancada.

El problema esencial es la creencia de que no nos merecemos lo que deseamos. Nuestro poder personal reside en la manera como consideramos nuestro merecimiento. Nuestra falta de merecimiento nos viene de los mensajes que recibimos en la infancia. Vuelvo a repetir, no pensemos que no podemos cambiar debido a estos mensajes. Con frecuencia se me acercan personas y me dicen: «Louise, las afirmaciones no dan resultado». En realidad no es que las afirmaciones no den resultado, sino que no nos creemos merecedores del bien.

La manera de descubrir si crees que te mereces algo es que hagas una afirmación y te fijes en los pensamientos que surgen al hacerla. Entonces anótalos, porque cuando se ven escritos sobre el papel se vuelven muy claros. Lo único que nos impide sentirnos merecedores, o amarnos, o lo que sea, es la creencia u opinión de otra persona que hemos aceptado como verdad.

✗ Cuando no nos creemos merecedores de un bien, solemos practicar una especie de autosabotaje, lo cual se puede conseguir de diversas maneras: creando una situación caótica, perdiendo cosas, haciéndonos daño o teniendo problemas físicos, como una caída o un accidente. Empecemos a creer que nos merecemos todo el bien que tiene la vida para ofrecernos.

Con el fin de reprogramar una creencia falsa o negativa, ¿cuál es el primer pensamiento que necesitaremos para comenzar a crear una nueva creencia, sea la que sea, en nuestra vida? ¿Cuál será el elemento esencial o el cimiento que necesitaremos para apoyarnos? ¿Cuál será el tipo de pensamiento que necesitaremos para conocernos, creer en nosotros y aceptarnos?

Algunos pensamientos para comenzar podrían ser:

- Soy valioso.
- Soy merecedor.
- Me amo.
- Me doy permiso para realizarme.

Estos conceptos forman el fundamento mismo de las creencias sobre las cuales se puede edificar. Sobre estos cimientos haz tus afirmaciones para crear lo que deseas.

Siempre que hablo en algún sitio, se me acerca alguien al final de la charla o me escribe para decirme que mientras estaba en la sala experimentó una curación. A veces se trata de algo sin importancia, y a veces es bastante espectacular. No hace mucho se me acercó una mujer y me contó que tenía un bulto en un pecho y que literalmente desapareció durante la charla. Escuchó algo y decidió liberar algo, dejarlo marchar. Éste es un buen ejemplo del poder que poseemos. Cuando no estamos dispuestos a dejar marchar algo, cuando realmente deseamos aferrarnos a ello porque de alguna manera nos sirve, hagamos lo que hagamos, lo más probable es que no resulte. Sin embargo, cuando estamos dispuestos a dejarlo marchar, como lo estaba esa mujer, es sorprendente cómo la más insignificante circunstancia nos ayuda a liberarlo.

Si todavía tienes algún hábito que no has liberado, pregúntate para qué te sirve. ¿Qué sacas de él? Si no logras obtener una respuesta, haz la pregunta de otro modo: «¿Qué pasaría si ya no tuviera este hábito?» Con mucha frecuencia la respuesta es: «Mi vida sería mejor». Y volvemos al hecho de que, en cierto modo, no nos creemos merecedores de una vida mejor.

Encargando la comida en la cocina cósmica

La primera vez que hagas una afirmación puede que te parezca que no es cierto. Pero recuerda que las afirmaciones son como semillas que se plantan en la tierra. Cuando siembras una semilla no tienes una planta hecha y derecha al día siguiente. Es preciso que seamos pacientes durante la época de crecimiento. Al continuar haciendo la afirmación, o bien estarás dispuesto a dejar marchar aquello que no deseas y la afirmación se hará realidad, o se abrirá un nuevo camino ante ti. También es posible que tengas de pronto una idea muy luminosa o que algún amigo te llame y te diga: «¿Has probado con esto?». Y de este modo serás llevado al siguiente paso que te ayudará.

Haz tus afirmaciones en tiempo presente. Puedes cantarlas, ponerles una melodía pegadiza para que se vayan repitiendo una y otra vez en tu cabeza. Recuerda que con tus afirmaciones no puedes influir en los actos de otra persona. Afirmar, por ejemplo: «John está enamorado de mí», es una forma de manipulación, es tratar de controlar la vida de otra persona. Por lo general tendrá un efecto de bumerang sobre ti: te sentirás muy desgraciada al no obtener lo que deseas. En cambio puedes decir: «Ahora me ama un hombre maravilloso, que es...». Y enumera todas las cualidades que deseas que tenga tu amado, así como tu relación con él. De esta forma permites a tu Poder interior que te presente a la persona que cumpla todos esos requisitos, e incluso puede ser John.

Tú no sabes cuáles son las enseñanzas espirituales que ha de aprender otra persona, y no tienes ningún derecho a entrometerte en el proceso de su vida. Ciertamente no te gustaría que otra persona hiciera eso contigo. Si alguien está enfermo, bendícelo, envíale amor y paz, no pidas que se ponga bien.

Me gusta pensar que hacer afirmaciones es como encargar la comida en la «cocina cósmica». Cuando vamos a un restaurante y se acerca el camarero a tomar nota de lo que deseamos, no lo seguimos hasta la cocina para comprobar que el chef reciba el pedido o ver cómo prepara el plato. Nos quedamos sentados bebiendo agua, conversando con nuestro acompañante o incluso comiéndonos el panecillo. Suponemos que están preparando la comida y que cuando esté lista nos la traerán. Lo mismo sucede cuando hacemos afirmaciones.

Cuando encargamos lo que queremos a la «cocina cósmica», el gran chef que es nuestro Poder Superior se pone a trabajar en ello. De modo que continuamos con nuestra vida sabiendo que están preparando lo que hemos encargado. Está en curso. Está ocurriendo. Ahora bien, si te traen la comida y resulta que no es lo que has pedido, ¿qué haces? Si tienes amor propio, la devuelves. Si no, te la comes. También puedes hacer lo mismo con la cocina cósmica. Si no recibes exactamente lo que deseas, puedes decir: «No, no, no es eso; esto es lo que quiero». Tal vez no te expresaste bien cuando hiciste tu encargo.

Aquí también se trata de dejar marchar, de liberar. Al final de mis tratamientos y meditaciones empleo las palabras «Y así es». Es una manera de decir: «Poder Superior, ahora está en tus manos, a ti te lo dejo». El tratamiento espiritual de la mente, que es el que enseña la Ciencia de la Mente, es muy efectivo. Si necesitas más información, puedes investigar si existe en tu localidad una Iglesia de la Ciencia Religiosa, u obtenerla leyendo los libros de Ernest Holmes.

Reprogramación del subconsciente

Nuestros pensamientos se van acumulando, y de la forma más inesperada reaparece en la superficie algún viejo pensamiento. Cuando estamos en el proceso de reprogramación de nuestra mente es normal y natural que avancemos un poco, retrocedamos otro poco, y volvamos a avanzar otro poquito. Esto forma parte de la práctica. No creo que haya ningún oficio, arte o técnica que se pueda aprender completo, al cien por ciento, en veinte minutos.

¿Recuerdas cuando comenzaste a aprender a usar un ordenador? ¿Recuerdas lo frustrante que era? Requería práctica. Antes que nada, necesitabas aprender cómo funcionaba, sus leyes y sistemas. A mi primer ordenador le puse por nombre la Dama Mágica, porque cuando aprendí sus reglas me entregaba cosas que a mí se me antojaban mágicas. Sin embargo, cuando estaba aprendiendo, la forma que tenía de indicarme que me había despistado o había seguido una dirección equivocada, era devorar páginas y páginas de trabajo que yo tenía que volver a hacer. Todos esos errores me enseñaron a fluir con el sistema.

Para fluir con el sistema de la Vida es preciso comprender que el subconsciente es como un ordenador: basura que entra, basura que sale. Si introduces pensamientos negativos, salen experiencias negativas. Sí, lleva tiempo y práctica aprender las nuevas formas de pensar. Ten paciencia contigo mismo. Cuando estés aprendiendo algo nuevo y vuelvan las antiguas pautas, ¿dirás: «Pero, vamos, parece que no haya aprendido nada»?, ¿o dirás: «Muy bien, de acuerdo, lo probaré otra vez de la forma nueva»?

O también, digamos que has arreglado un asunto y crees que ya no tendrás que ocuparte de ello nunca más. ¿Cómo sabes que realmente lo has solucionado si no te pones a prueba? Así pues, haz reaparecer la vieja situación una vez más y observa tu reacción ante ella. Si inmediatamente reaccionas según la antigua pauta, entonces sabrás que aún no has aprendido bien esa lección y que necesitas ejercitarte un poco más. Eso es lo que quiere decir. Comprende que se trata de una pequeña prueba para ver hasta dónde has llegado. Si repites tus afirmaciones, tus nuevas declaraciones sobre ti mismo, entonces se te ofrecerá la oportunidad de reaccionar de diferente modo. Ya se trate de un problema de salud, económico o de relación, si reaccionas de forma nueva a la situación, entonces estarás en camino para dedicarte a otra cosa, a otros aspectos de tu vida.

Recuerda también que vamos trabajando por capas, una capa cada vez. Es posible que llegues a una planicie y pienses «¡Lo he conseguido!», pero que luego surja algún viejo asunto y te haga daño, o te enfermes y no logres ponerte bien durante un tiempo. Tienes que buscar entonces a ver qué creencias hay bajo la superficie. Puede significar que hay más trabajo por hacer porque vas a pasar a la siguiente capa, más profunda.

Nunca pienses que «no eres suficientemente capaz» porque algo que has trabajado por eliminar vuelve a aparecer. Cuando descubrí que yo no era una «mala persona» por el hecho de volver a enfrentarme con un antiguo problema, se me hizo muchísimo más fácil continuar avanzando. Aprendí a decirme: «Louise, lo haces muy bien. Fíjate lo lejos que has llegado. Sólo necesitas más práctica. Y te amo».

Yo creo que cada uno de nosotros decide encarnarse sobre este planeta en un lugar y un tiempo determinados. Hemos escogido venir aquí a aprender una enseñanza concreta que nos hará progresar en nuestro camino de evolución espiritual.

Una de las formas de permitir que se despliegue positiva y sanamente el proceso de la vida es declarar nuestras propias verdades personales. Escoge mantenerte alejado de las creencias limitadoras que te han estado negando los beneficios que tanto deseas. Declara que tus pautas de pensamiento negativo quedarán borradas de tu mente. Libera y deja marchar tus temores y cargas. Hace ahora bastante tiempo que llevo creyendo las siguientes ideas y me han dado resultado:

- Todo lo que necesito saber se me revela.
- Todo lo que necesito viene a mí en el lugar y el momento perfectos,
- La vida está llena de alegría y amor.

- Soy una persona que ama, digna de amor y amada.
- Estoy sana y rebosante de energía.
- Dondequiera que voy encuentro prosperidad.
- Estoy dispuesta a cambiar y a crecer.
- Todo está bien en mi mundo.

He aprendido que no nos mantenemos positivos el cien por ciento del tiempo, y yo me incluyo en este dato. Tanto como puedo, considero la vida como una experiencia maravillosa y dichosa. Me siento segura y a salvo, y he hecho de esto una ley personal.

Creo que todo lo que necesito saber se me revela; por lo tanto, es preciso que tenga bien abiertos los ojos y los oídos. Recuerdo que cuando tuve cáncer pensé que me iría muy bien la reflexoterapia. Una noche asistí a una charla. Generalmente me siento en la primera fila porque me gusta estar muy cerca del conferenciante; sin embargo, esa noche me sentí inclinada a sentarme en la última fila. Justo cuando acababa de hacerlo se sentó a mi lado un reflexólogo. Empezamos a hablar y me enteré de que incluso hacía visitas a domicilio. No tuve que buscarlo, él vino a mí.

También creo que todo lo que necesito viene a mí en el lugar y el momento perfectos. Cuando algo va mal en mi vida inmediatamente me pongo a pensar: «Todo va bien, todo está bien, sé que todo es perfecto. Es una enseñanza, una lección, una experiencia, y la pasaré. Hay aquí algo que es para mi mayor bien. Todo está bien. Respira. Está bien». Hago todo lo que puedo por tranquilizarme, para poder tener la mente clara y pensar racionalmente sobre lo que sucede, y, por supuesto, trabajo en ello. Puede que lleve su tiempo, pero a veces, cosas que parecen grandes desastres resultan ser fabulosas al final, o por lo menos no los desastres que parecían al comienzo. Todo acontecimiento es una experiencia que enseña.

Hago muchísimo diálogo interno positivo, mañana, tarde y noche. Procedo de un espacio de amor del corazón, y practico el amor a mí misma y a los demás tanto como puedo. Mi amor está en continua expansión. Lo que hago actualmente es mucho más de lo que hacía hace seis meses o un año. Sé que dentro de un año mi conciencia y mi corazón se habrán dilatado y haré todavía más. Sé que lo que creo de mí se convierte en realidad, de modo que creo cosas maravillosas de mí. Hubo una época en que no pensaba así; sé que he crecido y que continuaré trabajando en mí misma.

También creo en la meditación. Meditamos cuando nos sentamos y desconectamos el diálogo interno el tiempo suficiente para escuchar a nuestra propia sabiduría. Cuando medito suelo cerrar los ojos, hacer una honda inspiración y preguntar: «¿Qué necesito saber?». Me quedo sentada y escucho. También podría preguntar: «¿Qué necesito aprender?», o «¿Qué enseñanza hay contenida en esto?». A veces pensamos que tenemos que «arreglarlo» todo en nuestra vida, cuando es posible que lo único que hayamos de hacer es «aprender» algo de la situación.

Cuando comencé a meditar, tuve fuertes dolores de cabeza durante las tres primeras semanas. La meditación me era totalmente desconocida e iba contra mi programación interior. Sin embargo perseveré, y finalmente los dolores de cabeza desaparecieron.

Si al meditar ves que surge continuamente de ti mucha negatividad, eso puede significar que es necesario que suceda: la guardabas en tu interior, y al callar, haces que comience a subir a la superficie. Considérala sencillamente como negatividad que se libera. No trates de oponerle resistencia. Déjala que continúe todo el tiempo que sea necesario.

Si te quedas dormido mientras meditas, eso está bien. Deja que tu cuerpo haga lo que necesita, ya se equilibrará con el tiempo.

La reprogramación de las creencias negativas es algo muy potente. Una buena forma de llevarla a cabo es grabar una cinta con tu voz haciendo tus afirmaciones. Ponla cuando te acuestes. Para ti tendrá muchísimo valor porque escucharás tu propia voz. Una cinta aún más efectiva sería una con la voz de tu madre diciéndote lo maravilloso que eres y lo mucho que te ama. Una vez tengas la cinta, relaja el cuerpo antes de comenzar a reprogramar. A algunas personas les gusta empezar por las puntas de los pies y continuar hacia arriba hasta la cabeza tensando y relajando cada parte del cuerpo. Si lo haces así, relajas la tensión, dejas salir las emociones, y llegas a un estado de acogida y receptividad. Cuanto más relajado estés, más fácil te resultará recibir nueva información. Recuerda que siempre tienes el mando y que estás en todo momento a salvo.

Es maravilloso escuchar cintas o leer libros que sirvan para conocerse a uno mismo y hacer afirmaciones. Pero, ¿qué vas a hacer durante las 23 horas y los 30 minutos restantes del día? Eso es lo que realmente importa. Si te sientas y meditas y después sales disparado a trabajar y le chillas a alguien, eso también cuenta. La meditación y las afirmaciones son fabulosas, pero el resto del día es igualmente importante.

Trata a la duda como a un amistoso recordatorio

Hay personas que suelen preguntarme si están haciendo correctamente sus afirmaciones o incluso si éstas les funcionan. Me gustaría que consideraras la «duda» de forma algo diferente a como seguramente la has considerado hasta ahora. Yo creo que el subconsciente reside en la zona del plexo solar, allí donde tenemos esos sentimientos o sensaciones que llamamos instintivos. Cuando sucede algo inesperado o repentino, ¿no tienes inmediatamente una fuerte sensación en la tripa? Ahí es donde uno lo recibe y acumula todo.

Desde que éramos pequeños, todos los mensajes que hemos recibido, todo lo que hemos hecho, todas las experiencias que hemos tenido, todo lo que hemos dicho, todo ha ido a parar al archivo que tenemos justo ahí, en la zona del plexo solar. A mí me gusta pensar que allí hay pequeños mensajeros y que cuando tenemos un pensamiento o una experiencia, los mensajeros reciben el mensaje y lo ordenan en la carpeta o archivo correspondiente. Muchos de nosotros hemos ido archivando allí carpetas con las etiquetas: «No valgo para nada», «Jamás lo conseguiré», «No lo hago bien»... Estamos absolutamente enterrados bajo esos archivos. De pronto nos ponemos a hacer afirmaciones como «Soy una persona maravillosa y me amo». Los mensajeros cogen el mensaje y exclaman: «¡Pero esto qué es! ¿Adónde va? Nunca hemos visto algo así antes».

Entonces los mensajeros llaman a Duda: «¡Duda, ven aquí a ver lo que pasa!». Así pues, va Duda, coge el mensaje y le pregunta a la conciencia: «¿Qué es esto? Tú te pasas la vida diciendo otras cosas». A nivel consciente podemos reaccionar de dos formas. Podemos decir: «Ay, tienes toda la razón. No sirvo para nada. Lo siento. Ese mensaje está mal», y volver a nuestros antiguos hábitos. O podemos decirle a Duda: «Estás hablando de los mensajes antiguos. Ya no los necesito. Éste es un nuevo mensaje». Entonces damos la orden a Duda de que abra una nueva carpeta porque desde ahora le van a llegar muchísimos mensajes amorosos. Aprende a tratar a la duda como a una amiga, no como a una enemiga, y agradécele que te consulte.

Tu ocupación en la vida no tiene importancia. Puedes ser el presidente de un banco o ganarte la vida fregando platos; puedes ser un ama de casa o un marino. En tu interior tienes una sabiduría que está conectada con la Verdad Universal. Cuando estás dispuesto a mirar en tu interior y hacer una sencilla pregunta como «¿Qué trata de enseñarme esta experiencia?», cuando estás dispuesto a escuchar, entonces obtienes la respuesta. La mayoría de nosotros estamos tan ocupados en la producción del «culebrón» que llamamos nuestra vida, que no escuchamos nada.

No cedas tu poder a las imágenes del bien y del mal que tienen otras personas. Los demás sólo tienen poder sobre nosotros si nosotros se lo cedemos. Hay grupos de personas que entregan su poder a otros. Esto sucede en muchas culturas. En la nuestra, las mujeres ceden su poder a los hombres. «Mi marido no me deja», dicen. Ciertamente, eso es ceder el poder. Si tomas esta actitud, te encierras en una celda, en un lugar donde no puedes hacer nada a no ser que obtengas el permiso de otra persona. Cuantos menos prejuicios y más amplio criterio tengas, más aprenderás, y más oportunidades tendrás para crecer y cambiar.

Una vez me contó una mujer que cuando se casó era muy insegura y no sabía hacer valer sus derechos porque de esa forma la habían educado. Le llevó años darse cuenta de que su condicionamiento la mantenía confinada en un rincón. Culpaba a todo el mundo de sus problemas, sobre todo a su marido y a sus parientes políticos. Finalmente se divorció, aunque continuó echando la culpa a su marido de las muchas cosas que no iban bien en su vida. Le llevó diez años reeducarse, cambiar sus pautas y recuperar su poder. Al analizar las cosas retrospectivamente, comprendió que los culpables no eran ni su marido ni sus parientes políticos; era ella la responsable por no hablar y defender sus derechos. Ellos estaban ahí para reflejar lo que ella sentía en su interior: impotencia.

No cedas tampoco tu poder basándote en lo que lees. Recuerdo que hace algunos años leí algunos artículos que aparecían en una conocidísima revista. Resultó que yo sabía algo sobre cada uno de los temas tratados en los artículos. En mi opinión, la información era totalmente equivocada. La revista perdió toda credibilidad para mí y no volví a leerla durante varios años. Tú eres la única autoridad en tu vida, de modo que no pienses que porque algo está en letras de imprenta tiene que ser necesariamente verdad.

El inspirado orador Terry Cole-Whittaker escribió un maravilloso libro titulado *What you think of me is none of my business* [Lo que usted piensa de mí no es asunto mío]. Eso es cierto. Lo que *tú* piensas de mí no es asunto mío, es asunto tuyo. Al final, lo que pienses de mí saldrá de ti a través de vibraciones y retornará a ti.

Cuando tenemos una iluminación, cuando tomamos conciencia de lo que hacemos, podemos comenzar a cambiar nuestra vida. En realidad la vida está aquí para ti. No tienes más que pedir lo que deseas. Dile a la vida lo que quieres y después permite que lo bueno ocurra.

Segunda parte

Romper las barreras

Necesitamos saber qué pasa en nuestro interior para poder saber qué tenemos que dejar marchar. En lugar de ocultar nuestro dolor podemos liberarlo totalmente.

5

Comprender los obstáculos que nos traban

Las pautas de odio a uno mismo, de culpa
y de autocrítica elevan los niveles de estrés y
debilitan el sistema inmunitario.

Ahora que sabemos algo más sobre el poder que hay en nuestro interior, echemos una mirada a lo que nos impide emplearlo. Pienso que casi todos tenemos barreras de uno u otro tipo. Incluso cuando trabajamos muchísimo en nosotros mismos y despejamos los obstáculos, siguen apareciendo nuevas barreras.

Muchas personas se encuentran tantos defectos que llegan a creer que no valen lo suficiente y que nunca lo lograrán. Lógicamente, si encontramos cosas malas en nosotros, también las encontraremos en los demás. Si aún continuamos diciendo: «No puedo hacer eso porque mi madre me dijo..., o mi padre me dijo...», eso quiere decir que todavía no hemos crecido.

De modo que ahora necesitas eliminar las barreras, y

tal vez aprender algo diferente, algo que aún no sabes. Tal vez alguna frase que encuentres en este libro te sirva para poner en marcha un nuevo pensamiento.

¿Te imaginas lo maravilloso que sería que cada día aprendieras una idea nueva que te ayudara a dejar atrás el pasado y a crear armonía en tu vida? Cuando tomes conciencia y comprendas el proceso individual de la vida sabrás qué dirección tomar. Si empleas tus energías en conocerte a ti mismo, finalmente verás qué problemas y asuntos necesitas disolver.

Todos tenemos desafíos en la vida. Todo el mundo. Nadie pasa por la vida sin encontrárselos; si no fuera así, ¿qué objeto tendría venir a esta escuela particular llamada Tierra? Algunos tienen los desafíos de la salud, otros los de las relaciones, los de la profesión o los económicos. Algunos tenemos desafíos en todas estas áreas, en mayor o menor grado.

Creo que uno de los mayores problemas consiste en que muchos de nosotros no tenemos la menor idea de qué es lo que necesitamos dejar atrás. Sabemos lo que no funciona y sabemos lo que deseamos, pero no sabemos qué es lo que nos mantiene estancados. Así pues, dediquemos el tiempo necesario a echar un vistazo a los obstáculos que nos traban.

Tómate un momento para pensar en tus propias pautas de comportamiento, en tus problemas y en las cosas que te traban, y observa en cuál de estas categorías entran: crítica, temor, culpa o resentimiento. A estas categorías yo las llamo Las Cuatro Grandes. ¿Cuál es tu predilecta? La mía es una combinación de crítica y resentimiento. Tal vez la tuya también sea una combinación de dos o tres. ¿Es temor lo que siempre surge? ¿O es la culpa? ¿Eres muy crítico o rencoroso? Permíteme que te diga que el rencor es rabia acumulada. De modo que si crees que no te está permitido expresar la rabia que sientes, entonces es que has acumulado muchísimo rencor.

No podemos negar nuestros sentimientos. No podemos ignorarlos cómodamente. Cuando me diagnosticaron el cáncer, tuve que mirarme con toda claridad. Tuve que admitir algunas tonterías sobre mí que no deseaba admitir. Por ejemplo, que yo era una persona muy rencorosa y llevaba en mi interior una enorme amargura por el pasado. «Louise —me dije—, ya no tienes tiempo para continuar permitiéndote eso. Tienes que cambiar, de verdad.» O, como lo expresa Peter Mc Williams: «Ya no puedes permitirte el lujo de tener ni un solo pensamiento negativo».

Tus experiencias siempre reflejan tus creencias internas. Literalmente, puedes mirar tus experiencias y determinar cuáles son tus creencias. Puede que resulte algo inquietante o perturbador hacerlo, pero si observas a las personas con quienes te relacionas, verás que todas ellas reflejan alguna creencia que tienes acerca de ti mismo. Si continuamente te critican en el trabajo, esto probablemente se deba a que eres crítico contigo mismo o a que alguno de tus padres te criticaba cuando eras pequeño. Todo lo que nos sucede en la vida refleja lo que somos. Cuando sucede algo que no nos resulta agradable o cómodo, tenemos la oportunidad de mirar dentro de nosotros y decir: «¿De qué forma contribuyo a crear esta experiencia? ¿Qué hay dentro de mí que piensa que me merezco esto?».

Todos tenemos pautas de comportamiento que se iniciaron
en la familia, de modo que es muy fácil echar la culpa a nuestros padres, nuestra infancia o nuestro entorno, pero eso nos
mantiene estancados. No nos liberamos así, seguimos siendo víctimas y perpetuamos los mismos problemas de siempre, que siguen y siguen repitiéndose continuamente.

De manera que en realidad no importa lo que alguien
nos hiciera o nos enseñara en el pasado. Hoy es un nuevo
día. Ahora estamos al mando. Ahora es el momento de
crear el futuro en nuestra vida y en nuestro mundo. Tampoco importa lo que yo diga, porque sólo tú puedes hacer
el trabajo. Únicamente tú puedes cambiar tu forma de
pensar, de sentir y de actuar. Yo sólo digo que puedes hacerlo. Categóricamente, puedes hacerlo, porque tienes un
Poder Superior dentro de ti que te ayudará a liberarte de
esas pautas si tú se lo permites.

Puedes recordarte a ti mismo que cuando eras un bebé
te amabas tal como eras. No hay ningún bebé que critique
su cuerpo y piense: «Oh, tengo las caderas demasiado an-
chas». Los bebés están encantados y entusiasmados por el
solo hecho de tener cuerpo. Expresan sus sentimientos.
Cuando un bebé está contento tú lo notas, y cuando está
enfadado se entera todo el vecindario. Los bebés jamás tienen miedo de que la gente se entere de cómo se sienten.
Viven en el momento. Tú fuiste así en una época. A medida que crecías, escuchabas a las personas que te rodeaban
y de ellas aprendiste el miedo, la crítica y la culpa.

Si te criaste en una familia en la que la crítica era la

norma, entonces debes ser un adulto crítico. Si te criaste en una familia en la que no estaba permitido manifestar el enfado, entonces probablemente te aterra enfrentarte a los demás y mostrar rabia, y te la tragas y la acumulas en el cuerpo.

Si te criaste en una familia en la que todos estaban manipulados por los sentimientos de culpabilidad, entonces lo más probable es que sigas siendo igual de adulto. Posiblemente eres una persona que se pasa la vida diciendo «Lo siento», y jamás se atreve a pedir algo directamente. Tienes la sensación de que para obtener lo que deseas tendrías que manipular.

Cuando crecemos comenzamos a captar estas falsas ideas y perdemos contacto con nuestra sabiduría interior. Por lo tanto, necesitamos realmente liberar esas ideas y volver a la pureza del espíritu, donde de verdad nos amamos a nosotros mismos. Necesitamos reinstaurar la maravillosa inocencia de la vida y la alegría de existir momento a momento, la misma alegría que siente el bebé en su feliz estado de maravillado asombro.

Piensa en lo que deseas que se haga realidad. Decláralo en afirmaciones positivas, no negativas. Ahora, ve al espejo y repite tus afirmaciones. Observa qué obstáculos se interponen en tu camino. Cuando empieces a hacer una afirmación del tipo «Me amo y me apruebo», presta atención a los mensajes negativos que surjan, porque al identificarlos se transforman en los tesoros que te abrirán la puerta hacia la libertad. Generalmente el tema de los mensajes es uno u otro de los cuatro que mencioné anteriormente: crítica, temor, culpa o resentimiento. Y lo más probable es que aprendieras esos mensajes de personas de tu pasado.

Algunas personas han elegido tareas bien difíciles de realizar en esta vida, pero yo creo firmemente que en realidad vinimos aquí a amarnos a nosotros mismos a pesar de lo que los demás digan o hagan. Siempre podemos superar las limitaciones de nuestros padres y amigos. Si fuiste una niña buena o un niño bueno, aprendiste la forma limitada de mirar la vida que tenían tus padres. Tú no eres una mala persona. Eras el hijo o la hija ideal. Aprendiste exactamente lo que tus padres te enseñaron. Y ahora que eres adulto, sigues haciendo lo mismo. ¿Cuántos de vosotros os escucháis decir lo mismo que solían deciros vuestros padres? ¡Felicitaciones! Ellos fueron excelentes maestros y vosotros excelentes alumnos, pero ahora ya es hora de que comencéis a pensar por vosotros mismos.

Es probable que muchas personas sientan resistencia al mirarse al espejo y repetir las afirmaciones. Sin embargo, la resistencia es el primer paso hacia el cambio. Muchos deseamos que cambie nuestra vida, pero cuando se nos dice que tenemos que hacer algo diferente contestamos: «¿Quién, yo? No quiero hacer eso».

Puede que otros experimenten sentimientos de desesperación. Muchas veces, cuando uno se mira al espejo y dice «Te amo», el pequeño niño interior responde: «¿Dónde habías estado todo este tiempo? He estado esperando que te fijaras en mí». Entonces a uno le invade una oleada de tristeza porque ha rechazado al pequeño durante mucho, mucho tiempo.

Una vez que hice este ejercicio en uno de mis talleres una mujer me dijo que sentía mucho miedo. Le pregunté qué le producía ese miedo y ella me confió el hecho de que cuando era niña había sufrido la experiencia del incesto. Muchos de nosotros hemos pasado por esta experiencia llamada incesto y estamos aprendiendo a superarla. Es interesante la frecuencia con que ocurre en nuestro planeta. Se lee mucho sobre el incesto en esta época, aunque yo creo que no es más frecuente ahora que antes. Hemos progresado y actualmente pensamos que los hijos tienen sus derechos, y nos permitimos ver esta fea herida en la sociedad. Para poder trabajar en este problema con el fin de liberarlo, primero tenemos que admitirlo.

La terapia es importantísima para las personas que han sufrido esta experiencia. Necesitamos un espacio de seguridad en donde poder trabajar con estos sentimientos. Una vez que hemos dejado salir la rabia, el dolor y la vergüenza, podemos pasar al espacio en donde podemos amarnos a nosotros mismos. Sea cual fuere el problema en que estemos trabajando, es necesario que recordemos que los sentimientos que surgen son sólo eso, sentimientos. Ya no estamos viviendo la experiencia. Necesitamos trabajar para lograr que el niño o la niña interior se sienta a salvo. Es preciso que nos demos las gracias por haber tenido el valor de sobrevivir a esa experiencia. Muchas veces, cuando tratamos con un problema como el del incesto, nos es muy difícil aceptar que la otra persona estaba haciendo lo mejor que podía en ese momento, con el entendimiento y el conocimiento que tenía. Los actos violentos siempre proceden de personas que también fueron tratadas con violencia. Todos necesitamos sanar. Cuando aprendamos a amarnos y a apreciarnos tal como somos, ya no haremos daño a nadie.

Acabemos con las críticas

En lo relativo al tema de la crítica, normalmente nos pasamos la vida criticándonos por las mismas cosas, una y otra vez. ¿Cuándo vamos a despertar y comprender que la crítica no sirve de nada? Ensayemos otra táctica. Aprobémonos tal como somos en este preciso momento. Las personas dadas a criticar, también suelen atraer muchas críticas, porque ésa es su pauta: criticar. Lo que damos, lo recibimos de vuelta. Puede que también necesiten ser perfectas en todo momento. ¿Quién es perfecto? ¿Has conocido a alguien perfecto? Yo no. Cuando nos quejamos de otra persona, en realidad nos estamos quejando de algún aspecto de nosotros mismos.

Todas las personas son un reflejo de nosotros mismos, y lo que vemos en los demás, también lo vemos en nosotros. Muchas veces nos sucede que no queremos aceptar algunos aspectos de nuestra forma de ser. Nos maltratamos con alcochol, drogas o cigarrillos, o comiendo en exceso o de cualquier otra manera. Son formas de castigarnos por no ser perfectos; pero, ¿ser perfectos para quién? ¿Las exigencias y expectativas de quién queremos satisfacer? Decídete a dejar atrás eso. Sencillamente «sé». Descubrirás que eres una persona maravillosa tal como eres en este mismo momento.

Si siempre has sido una persona crítica que ve la vida con ojos muy negativos, te va a llevar tiempo dar un giro completo para amar y aceptar más. Aprenderás a tener paciencia contigo mismo a medida que te ejercites en eliminar la crítica, que sólo es un hábito, no la realidad de tu ser.

¿Te imaginas lo maravilloso que sería que pudieras vivir sin que jamás nadie te criticara? Te sentirías totalmente a gusto, cómodo. Cada mañana sería un hermoso nuevo día porque todo el mundo te amaría y aceptaría y nadie te criticaría ni te despreciaría. Tú te puedes proporcionar esa felicidad acogiendo y aceptando las cosas que hacen de ti un ser único y especial.

La experiencia de vivir contigo mismo puede ser la experiencia más maravillosa que puedas imaginar. Al despertar por la mañana, siente la alegría de pasar otro día contigo.

Cuando te ames verdaderamente a ti mismo, despertarás lo mejor que hay en ti. No quiero decir con eso que serás mejor de lo que eres ahora, porque eso equivaldría a suponer que ahora no eres tan buena persona. Pero sí descubrirás formas más positivas de satisfacer tus necesidades y de expresar con más plenitud lo que realmente eres.

La culpa nos hace sentir inferiores

Muchas veces los demás nos envían mensajes negativos porque ésa es la manera más fácil de manipularnos. Si alguien intenta hacerte sentir culpable, pregúntate: «¿Qué desea esta persona? ¿Por qué hace esto?». Plantéate estas preguntas en lugar de decirte interiormente: «Sí, soy culpable, debo hacer lo que me dicen».

Muchos padres manipulan a sus hijos mediante la culpa porque también ellos fueron educados de este modo. Mienten a sus hijos para producirles sentimientos de inferioridad. Hay muchas personas que al hacerse mayores siguen siendo manipuladas por sus familiares y amigos, en primer lugar porque no se respetan a sí mismas; si se respetasen, no dejarían que esto ocurriera. En segundo lugar, porque ellas también son manipuladoras.

Mucha gente vive bajo una nube de culpa. Siempre pien-

san que hacen mal las cosas, que no se comportan correctamente, y se pasan la vida pidiendo disculpas. Se niegan a
perdonarse algo que hicieron en el pasado, se reprenden y
denigran por las cosas que les suceden. Deja que se disuelva
la nube. No es necesario que continúes viviendo así.

Aquellos de vosotros que se sienten culpables pueden
ahora aprender a decir «no» y enseñar a la gente que la culpa es algo absurdo. No se trata de enfadarse, pero no hay
por qué seguirles el juego. Si te resulta muy extraño decir
simplemente «no», dilo de esta manera: «No, no puedo
hacer eso». No des explicaciones ni trates de excusarte,
porque entonces el manipulador tendrá municiones para
convencerte y hacer que cambies tu decisión. Cuando los
demás vean que ya no les da resultado manipularte, no lo
intentarán más. Los demás sólo pueden controlarte mientras tú lo permitas. Es posible que te sientas culpable la
primera vez que digas no; pero te resultará más fácil a medida que vayas practicando.

Una mujer que asistió a una de mis charlas tenía un bebé
que nació con una enfermedad cardíaca. Ella se sentía culpable porque creía que había hecho algo mal, que le había
hecho daño a su bebé, que era culpa suya que estuviera enfermo. Lamentablemente, la culpa no soluciona nada. En
su caso, nadie había hecho nada mal. Le dije que yo pensaba que la enfermedad podía haber sido una elección del
alma del bebé. Mi respuesta fue que amara a su hijo y se
amara a sí misma y dejara de pensar que había hecho algo
mal. Ese tipo de culpa no sana a nadie.

Si haces algo que sabes que vas a lamentar, deja de hacerlo. Si en el pasado hiciste algo por lo cual aún te sientes culpable, perdónate. Si puedes enmendarlo, hazlo y no vuelvas a repetir la acción. Cada vez que surja la culpa en tu vida pregúntate: «¿Qué sigo creyendo de mí mismo?», «¿A quién deseo agradar?». Fíjate en las creencias de tu infancia que afloran.

Cuando acude a mí alguien que se ha visto involucrado en un accidente de coche, generalmente veo que hay culpa en lo más profundo de su interior, y necesidad de castigo. También puede que haya mucha hostilidad reprimida porque esa persona piensa que no tiene derecho a defenderse. La culpa busca castigo, de modo que nos convertimos literalmente en nuestro propio juez, jurado y verdugo; nos condenamos a prisión. Nos castigamos y no hay nadie a nuestro alrededor que acuda en nuestra defensa. Es hora de perdonarnos y de otorgarnos la libertad.

Una mujer que asistía a uno de mis seminarios tenía un enorme sentimiento de culpabilidad con respecto a su hijo de mediana edad. Era su único hijo y tenía un carácter muy reservado, muy encerrado en sí mismo. Ella se sentía culpable porque había sido muy estricta con él en la época de crecimiento. Le expliqué que había hecho lo mejor que sabía hacer en ese tiempo. Yo creo que él la escogió como madre antes de encarnarse en esta vida, de modo que en un plano espiritual, él sabía lo que hacía. Le dije que estaba malgastando toda su energía al sentirse culpable por algo que no podía cambiar.

—Es una pena que él sea así —suspiró ella—, lamento
tanto haber hecho un mal trabajo...

Esta mujer desperdiciaba su energía porque de ese
modo no ayudaba a su hijo ni evidentemente se ayudaba a
sí misma. La culpa se convierte en pesada carga y hace que
nos sintamos inferiores.

Le dije que cada vez que sintiera aflorar la culpa dijera
algo como: «No, ya no quiero sentir eso. Estoy dispuesta a
aprender a amarme. Acepto a mi hijo tal como es». Si continuamente afirmaba esto, la pauta de culpabilidad se iría
marchando.

Aun cuando no sepamos cómo amarnos, el hecho de
estar «dispuestos» a hacerlo hará el cambio. Sencillamente
no vale la pena aferrarse a estas pautas. La enseñanza es
siempre «amarse a uno mismo». La enseñanza para esa
mujer no era sanar a su hijo sino amarse a ella misma. Su
hijo también vino a esta vida a amarse a sí mismo. Ella no
puede hacer eso por él, y él no lo puede hacer por ella.

Las religiones organizadas suelen ser excelentes para hacer
que la gente se sienta culpable. Muchas montan números
bien opresivos para mantener a la gente a raya, sobre todo
a los jóvenes. Pero ya no somos niños, no tenemos por qué
obedecer a nadie. Somos adultos que podemos decidir lo
que queremos creer. El niño que hay en nosotros se siente
culpable, pero también está ahí el adulto que hay en nosotros para enseñarle sentirse de otra manera.

Causamos estragos en nuestro interior cuando conte-
nemos o reprimimos las emociones. Ámate lo suficiente

como para permitirte sentir tus emociones. Deja aflorar tus sentimientos. Puede que te pases días enteros llorando o enfadándote a cada momento. Tal vez necesitas procesar muchísimo material antiguo. Te sugiero algunas afirmaciones que te facilitarán el proceso y harán que sea más cómodo, más distendido:

- Ahora libero tranquilamente todas mis viejas creencias.
- Me resulta fácil y cómodo cambiar.
- Ahora mi senda está allanada.
- Estoy libre del pasado.

No añadas juicios a tus sentimientos. Lo único que conseguirás con eso es ahogarlos más. Si estás pasando por dilemas o momentos de crisis, afirma que te encuentras a salvo y dispuesto a sentir. El hecho de afirmar sentimientos positivos te traerá cambios beneficiosos.

6

La expresión de los sentimientos

Una tragedia puede convertirse en nuestro mayor bien si la abordamos de tal forma que nos ayude a crecer.

Cómo liberar la rabia de forma positiva

Todo el mundo tiene que vérselas con la rabia alguna que otra vez en su vida. La rabia es una emoción sincera. Cuando no se expresa, se va acumulando en el cuerpo y normalmente se manifiesta en forma de mal-estar (enfermedad) o de algún tipo de disfunción del organismo.

Tal como nos sucede con la crítica, generalmente nos enfadamos una y otra vez por las mismas cosas. Si pensamos que no tenemos derecho a expresar nuestro enfado, nos lo tragamos, lo cual nos produce rencor, amargura o depresión. De manera que es bueno «encargarnos» de la rabia cuando ésta se presenta.

Hay muchas formas positivas de manejar la rabia. Una de

las mejores es hablar sinceramente con la persona con quien estamos enfadados y liberar las emociones contenidas. Podemos decirle: «Estoy enfadado contigo porque _____ ». Si sentimos ganas de gritarle o chillarle, eso quiere decir que la rabia que sentimos se ha estado formando durante bastante tiempo, probablemente porque no nos atrevemos a hablar con la otra persona. En este caso, lo mejor es liberar la rabia hablando con esa persona en el espejo.

Busca un lugar donde te sientas seguro y sepas que no te van a interrumpir. Mírate a los ojos en el espejo. Si te resulta demasiado difícil, concéntrate en la nariz o la boca. Mírate y/o mira a la persona con quien estás enojado. Recuerda el momento en que te enfadaste y deja que salga la rabia. Comienza diciéndole por qué exactamente estás enfadado. Expresa la rabia que sientes. Puedes decir algo así:

- Estoy enfadado contigo porque _____ .
- Estoy muy dolida porque tú _____ .
- Tengo tanto miedo porque tú _____ .

Deja salir todos tus sentimientos. Si te dan ganas de expresarlos físicamente, coge algunos cojines y golpéalos. No te asustes de que tu rabia tome su curso natural. Ya has tenido reprimidos esos sentimientos demasiado tiempo. No hay por qué sentir ninguna culpa ni vergüenza. Recuerda, tus sentimientos son pensamientos en acción. Tienen una utilidad, y cuando los dejas salir libremente de tu mente y de tu cuerpo, dejas espacio para otras experiencias más positivas.

Cuando hayas terminado de expresar tu rabia, haz lo posible por perdonar a la persona o las personas que la provocaron. El perdón es un acto de libertad para ti, porque eres tú quien se beneficia con él. Si no puedes perdonar a alguien, entonces el ejercicio será una afirmación negativa y no curativa para ti. Hay diferencia entre «liberar» y simplemente «revivir» viejas rabias. Tal vez necesites decir algo así:

> De acuerdo, esa situación está superada. Ahora pertenece al pasado. No apruebo lo que has hecho, pero comprendo que hiciste lo mejor que podías hacer con el entendimiento, el conocimiento y la información que tenías en aquel momento. He acabado con esto. Te libero y te dejo en paz. Tú eres libre y yo soy libre.

Tal vez tengas que repetir el ejercicio varias veces hasta sentir que de verdad te has liberado de la rabia. También es posible que necesites trabajar con varias rabias. Haz lo que te parezca apropiado para ti.

Podemos usar diversos métodos para descargar la rabia. Podemos llorar y chillar contra un almohadón, podemos golpear cojines, la cama o un saco de arena de entrenamiento. Podemos escribir una «carta de odio» y después quemarla. Podemos gritar dentro del coche con las ventanillas cerradas. Podemos ir a la pista de tenis o al campo de golf y descargar la rabia golpeando pelotas una tras otra. Podemos hacer ejercicio, nadar y dar varias vueltas a la manzana corriendo. Podemos escribir o dibujar nuestros sentimientos empleando la mano no dominante: el proceso creativo es una forma natural de liberar emociones.

Un hombre que asistía a uno de mis seminarios contó que él se ponía un reloj de arena cuando comenzaba la sesión de golpear almohadones. Se daba diez minutos para dejar salir todas sus frustraciones y la rabia que sentía contra su padre. A los cinco minutos estaba agotado; cada treinta segundos miraba el reloj y se daba cuenta de que aún le quedaban unos cuantos minutos para continuar.

Yo solía golpear la cama y armar mucho ruido. Ahora ya no puedo hacerlo porque mis perros se asustan y creen que estoy enfadada con ellos. Pero he descubierto que me resulta muy efectivo gritar dentro del coche o cavar un hoyo en el jardín.

Como ves, se puede ser bastante creativo para liberar los sentimientos. Te recomiendo que hagas algo de tipo físico para liberar las emociones muy cargadas, algo que no entrañe ningún peligro. No hagas cosas temerarias o peligrosas para ti o para los demás. Acuérdate también de comunicarte con tu Poder Superior. Entra a tu interior y reconoce que ahí hay una respuesta a tu rabia y que la encontrarás. Tiene mucho poder curativo meditar y visualizar cómo sale libremente la rabia del cuerpo. Envía amor a la persona con quien estás enojado y ve cómo tu amor disuelve la discordia. Es preciso que estés dispuesto a que haya armonía. Tal vez la rabia que sientes te haga recordar que no te comunicas bien con los demás. Al reconocerlo, puedes corregirlo.

Es increíble la cantidad de personas que me dicen lo felices que llegan a sentirse una vez que han liberado la rabia que sentían. Es como si se quitaran de encima un enorme peso. A una de mis alumnas le resultaba dificilísimo dejar salir sus sentimientos. Intelectualmente los comprendía, pero no podía expresarlos. Una vez se permitió expresar sus sentimientos, empezó a gritar y a dar puntapiés y les dijo de todo a su madre y a su hija alcohólica. Sintió que se aligeraba de una enorme carga. Cuando la visitó su hija al poco tiempo, ella no paró de abrazarla. Había dejado espacio para el amor allí donde antes tenía acumulada la rabia reprimida.

A lo mejor eres una persona que se ha pasado enfadada la mayor parte de su vida. Quizá sientas lo que yo llamo «rabia habitual». Pasa algo y te enfadas. Pasa otra cosa y te vuelves a enfadar. Y así continuamente. Te pasas la vida enfadándote, pero nunca vas más allá de la rabia. La rabia habitual es infantil: uno siempre quiere salirse con la suya. Te convendría preguntarte:

- ¿Por qué escojo estar todo el tiempo enfadado?
- ¿Qué hago para crearme una situación tras otra que me hacen enfadar?
- ¿Es ésta la única manera que tengo de reaccionar ante la vida?
- ¿A quién sigo castigando? ¿O amando?
- ¿Es esto lo que deseo?
- ¿Por qué necesito ponerme en este estado?
- ¿Qué creencia mía causa toda esta frustración?
- ¿Qué es lo que doy que produce en los demás la necesidad de irritarme?

En otras palabras, ¿por qué crees que para salirte con la tuya tienes que enfadarte? No quiero decir con esto que no haya injusticias o que no tengas derecho a enfadarte. Sin embargo la rabia habitual no es buena para tu cuerpo, porque se queda alojada allí.

Fíjate en qué centras tu atención la mayor parte del

tiempo. Siéntate frente al espejo durante diez minutos y mírate. «¿Quién eres?», pregúntate. «¿Qué es lo que deseas?» «¿Qué es lo que te hace feliz?» «¿Qué puedo hacer para hacerte feliz?» Ha llegado el momento de hacer algo diferente. Crea dentro de ti un espacio nuevo y llénalo de hábitos amables, optimistas y alegres.

Muchas personas suelen enfadarse cuando conducen. Expresan así sus frustraciones contra los malos conductores que se encuentran por el camino. Hace bastante tiempo comprendí la realidad de que lo iba a pasar mal debido a la incapacidad de otras personas para seguir las normas de tráfico. De modo que la forma que tengo de conducir es: primero pongo amor en el coche al subirme a él, y en seguida afirmo y sé que siempre voy a ir rodeada por conductores maravillosos, competentes y felices, que todas las personas que me rodean son buenos conductores. Debido a mis creencias y afirmaciones, rara vez me toca algún mal conductor cerca. Los malos conductores suelen estar lejos, molestando a aquel que va agitando el puño y chillando.

Tu coche es una prolongación tuya, del mismo modo que todo y todos son prolongaciones tuyas: por lo tanto, pon amor en tu coche y envía tu amor a todas las personas que te rodean en las calles y en las carreteras. Las partes del coche, pienso yo, son similares a las partes de nuestro cuerpo.

Por ejemplo, una de las chicas que trabajan conmigo encontraba que «no tenía visibilidad», no veía hacia dónde iba su vida ni adónde deseaba ir ella. Una mañana se levantó y se encontró con que el parabrisas de su coche estaba roto. Un conocido mío consideraba que estaba «atascado» en su vida. Ni avanzaba ni retrocedía, sencillamente estaba parado. Tuvo un pinchazo en el neumático y no pudo continuar su camino. Sé que esto puede parecer tonto al principio, pero encuentro fascinante la terminología automovilística que emplearon para referirse al estado mental en que se encontraban. No tener visibilidad significa que no ves nada hacia adelante. El parabrisas es una metáfora perfecta, así como un neumático pinchado es un ejemplo perfecto del hecho de quedarse «atascado». La próxima vez que le suceda algo a tu coche, piensa qué te parece que representa la parte estropeada y ve si puedes hacer una conexión con tu estado de ánimo o tus sentimientos en ese momento concreto. Puede que te sorprenda el resultado. Algún día escribiré un librito y lo titularé *Sane su automóvil*.

Hubo una época en que no se comprendía la relación cuerpo-mente. Ha llegado la hora de que ensanchemos aún más nuestro pensamiento y comprendamos la relación máquina-mente.

Toda situación en la vida es una experiencia educativa y se puede manejar para que nos funcione.

No hay nada nuevo ni especial respecto a la rabia. Nadie escapa a su experiencia. El secreto está en identificarla por lo que es y en llevar esa energía en una dirección más sana.

Si te pones enfermo, no te enfades por ello. En lugar de meter rabia en tu cuerpo, llénalo de amor y perdónate. Las personas que se dedican a cuidar a los enfermos podrían acordarse de cuidarse ellas también. Si no lo hacen, no serán de ninguna utilidad ni para sí mismas ni para sus amigos y familiares. Se quemarán. Es preciso que hagan algo para dejar salir sus sentimientos también. Una vez que se aprende a manejar la rabia de forma positiva, que aporte beneficios, se descubren maravillosos cambios que van mejorando la calidad de la vida.

El resentimiento es la causa de diversas enfermedades

El resentimiento es rabia que se lleva enterrada durante mucho tiempo. El principal problema del resentimiento es que se aloja en el cuerpo, generalmente siempre en el mismo sitio, y llegado un momento comienza a carcomer los tejidos. Muchas veces se convierte en tumores y cánceres. Por lo tanto, reprimir la rabia y dejar que se instale en el cuerpo no conduce a una buena salud. Lo repito nuevamente, es hora de dejar salir esos sentimientos.

Muchos nos hemos criado en hogares donde no estaba permitido enfadarse. A las mujeres sobre todo se nos enseñó que enfadarse era algo malo. La rabia no era aceptable; sólo a una persona, normalmente el padre o la madre, se le permitía expresarla. Ahora podemos comprender que somos nosotros los que nos aferranos a ella. Nadie más tiene nada que ver.

Una ostra coge un granito de arena y lo va cubriendo de carbonato de calcio hasta que el granito se transforma en una hermosa perla. De igual modo, nosotros cogemos nuestras heridas emocionales y las vamos alimentando mediante lo que yo llamo pasar la vieja película una y otra vez en nuestra mente. Si queremos vernos libres de esas viejas heridas, si deseamos superarlas, es el momento entonces de dejarlas atrás y continuar avanzando.

Uno de los motivos de que las mujeres desarrollen quistes y tumores en el útero es lo que yo llamo el síndrome de «él me hizo daño». Los órganos genitales representan en el hombre la parte más masculina del cuerpo, el principio masculino, y en la mujer la parte más femenina, el principio femenino. Cuando una persona pasa por una crisis emocional en sus relaciones, la lleva a una de esas zonas. Las mujeres en general la llevan a sus órganos femeninos, a su parte más femenina, y allí la van nutriendo hasta que se transforma en un quiste o un tumor.

Es posible que nos dé muchísimo trabajo disolver el resentimiento, ya que está enterrado muy hondo dentro de nosotros. Me llegó una carta de una mujer que estaba trabajando en su tercer tumor canceroso. Aún no había disuelto su resentimiento y continuaba creando nuevos tumores en su cuerpo. Yo noté que se sentía muy justificada en su amargura. Le era más fácil que el médico le quitara el último tumor que trabajar en el perdón. Lo mejor habría sido que hubiera podido hacer ambas cosas. Los médicos son muy buenos para quitar tumores, pero nosotros podemos hacerlos reaparecer.

A veces preferimos morir antes que cambiar un hábito.

Y nos morimos. He visto que muchas personas prefieren morir a cambiar un hábito alimentario. Y se mueren. Esto es bastante terrible cuando le sucede a un ser querido y nos damos cuenta de las opciones alternativas que podría haber tomado.

Sea cual sea la elección que hagamos, siempre será la correcta para nosotros, y no hay nada de qué culparse, incluso en el caso de que abandonemos el planeta. Todos dejaremos el planeta tarde o temprano, y encontraremos la forma de hacerlo en el momento oportuno para nosotros.

No nos culpemos por fracasar o por hacer mal las cosas. No nos sintamos culpables. No hay ninguna culpa. Nadie hace mal nada. Todos hacemos las cosas lo mejor que podemos con el entendimiento y la información de que disponemos. Todos tenemos nuestro Poder interior, recuérdalo, y hemos venido aquí a aprender ciertas enseñanzas. Nuestro Yo Superior conoce nuestro destino y sabe lo que necesitamos aprender para progresar en nuestro proceso evolutivo. No hay ningún modo equivocado o malo de hacer las cosas, simplemente «hay». Todos estamos embarcados en un viaje infinito por la eternidad, y tenemos una vida tras otra. Lo que no resolvemos en una vida lo resolveremos en alguna otra.

Los sentimientos reprimidos llevan a la depresión

La depresión es la rabia vuelta hacia dentro. Es también la rabia que pensamos que no tenemos derecho a sentir. Por ejemplo, es posible que consideres que no está bien sentir rabia contra tu padre o tu madre, o contra tu pareja o tu mejor amigo. Sin embargo la sientes, y además te sientes atascado por ello. Esa rabia se transforma en depresión. Actualmente hay muchísimas personas que sufren de depresión, incluso de depresión crónica. Cuando se llega a este extremo es muy difícil salir de ella. La persona se siente tan inútil, tan desesperada, que le cuesta un enorme esfuerzo hacer cualquier cosa.

Por muy espiritual que seas, tienes que fregar los platos de vez en cuando. No se pueden dejar los platos sucios amontonándose en el fregadero con la excusa: «Ah, es que yo soy metafísico». Lo mismo ocurre con los sentimientos: si quieres tener una mente que discurra libremente, deberás lavar tus platos sucios mentales.

Una de las mejores formas de hacerlo es darse permiso para expresar parte de la rabia, y así reducir un poco la depresión. Actualmente hay terapeutas que se especializan en liberar la rabia. Una o dos sesiones con alguno de ellos te serán de gran utilidad.

Personalmente creo que todos necesitamos golpear la cama una vez a la semana, con o sin rabia. Hay algunas terapias que animan a entrar adentro de la propia rabia; yo pienso, sin embargo, que de este modo te sumerges en la rabia durante demasiado tiempo. Como cualquier emoción que aflora, la rabia dura sólo unos minutos. Los bebés entran y salen de sus emociones con mucha rapidez. Es nuestra reacción ante la emoción lo que nos hace aferrarnos a ella y reprimirla.

Elisabeth Kübler-Ross emplea un maravilloso ejercicio en sus seminarios; ella lo llama «exteriorización». Hace que los participantes agarren un trozo de manguera de goma y golpeen con ella unos cuantos listines de teléfono viejos una y otra vez, dejando emerger todo tipo de emociones.

Cuando liberamos la rabia, es normal que nos sintamos

un poco avergonzados, sobre todo si expresarla va contra nuestro código familiar. La primera vez que lo hagas te sentirás violento, pero una vez te acostumbres, hasta puede ser divertido, y en todo caso es muy poderoso. Dios no te va a odiar por enfadarte. Una vez que hayas liberado parte de esa vieja rabia, serás capaz de mirar tu situación bajo una nueva luz y de encontrar soluciones.

Otra cosa que sugeriría a una persona deprimida es que trabaje con un buen dietista para limpiar su dieta. Es sorprendente el efecto beneficioso que esto tiene en la mente. Las personas deprimidas suelen comer muy mal, lo cual aumenta el problema. Todos necesitamos que los alimentos que tomamos sean buenos para nuestro cuerpo. Además, muchas veces nos encontramos con que hay un desequilibrio químico en el cuerpo que se agrava aún más por la ingestión de algún tipo de medicamento.

Otro maravilloso tratamiento para liberar sentimientos es el *rebirthing*,* porque va más allá del intelecto. Si nunca has hecho una sesión de *rebirthing*, te recomiendo que lo pruebes. Ha ayudado enormemente a muchas personas. Es una modalidad de respiración que te ayuda a conectar con problemas pasados de modo que los puedas liberar de forma positiva. Algunos terapeutas de *rebirthing* te hacen repetir tus afirmaciones mientras dura la sesión.

También son recomendables trabajos corporales como el *rolfing*, que consiste en un tratamiento de profunda manipulación del tejido conectivo. Este método fue creado por Ida Rolf. Tenemos, asimismo, las técnicas Heller y Trager. Todos estos procedimientos son excelentes formas de libe-

---

* Renacimiento. Los especialistas suelen preferir la palabra *rebirthing* (N. de la T.)

rar pautas de comportamiento restrictivas que se almacenan en el cuerpo. Una determinada terapia puede ser buena para algunas personas y no para otras. La única manera de descubrir cuál es la que nos va mejor es probar diferentes posibilidades.

La sección de autoayuda de las librerías es un excelente lugar para informarse sobre las distintas alternativas. Las tiendas de alimentos dietéticos suelen tener información sobre reuniones y clases. Cuando el discípulo está dispuesto, aparece el maestro.

El temor es falta de confianza

El temor se ha extendido por el mundo. Lo vemos y lo escuchamos cada día en los telediarios. Está presente en forma de guerras, asesinatos, codicia y mucho más. El temor es falta de confianza en nosotros mismos. Debido a eso no confiamos en la Vida. No confiamos en que estamos protegidos en un plano superior, de modo que necesitamos controlarlo todo en el plano físico. Es lógico, pues, que sintamos miedo porque no podemos controlarlo todo en nuestra vida.

Cuando deseamos superar nuestros temores aprendemos a confiar. Esto se llama dar «el salto de fe»: confiar en el Poder interior que está conectado con la Inteligencia Universal. Confiar en lo que es invisible en lugar de confiar únicamente en el mundo físico y material. No quiero decir que nos quedemos cruzados de brazos sin hacer nada, sino simplemente que si confiamos vamos a pasar por la vida con mucha más facilidad. ¿Recuerdas lo que dije anteriormente? Yo creo que todo lo que necesito saber se me revela. Confío en que se me cuida y se me protege, aun cuando no tenga el control físico de todo lo que sucede a mi alrededor.

Cuando surge un pensamiento de temor, en realidad lo que intenta es protegerte. Te sugiero que le digas: «Sé que quieres protegerme y aprecio tu deseo de ayudarme. Gracias». Reconoce que el pensamiento de temor está ahí para cuidar de ti. Cuando tienes un susto de tipo físico, tu cuerpo bombea adrenalina para protegerte del peligro. Lo mismo sucede con el temor que fabricamos en la mente.

Observa tus miedos e identifícalos. Ellos no son tú. Piensa en el miedo de la misma forma en que piensas en una película: lo que ves en la pantalla no está ahí en realidad. Las imágenes que se mueven son solamente trozos de celuloide que cambian y desaparecen con rapidez. Nuestro temores vienen y van con la misma rapidez que esas imágenes, a no ser que insistamos en aferrarnos a ellos.

El temor es una limitación de nuestra mente. La gente tiene muchísimo miedo de ponerse enferma, de quedarse sin casa o de cualquier otra cosa. La rabia es el temor que se convierte en mecanismo de defensa. Trata de protegerte, y, no obstante, te sería muchísimo más provechoso hacer afirmaciones para dejar de recrear situaciones terribles en tu mente en el intento de amarte a través del temor. Nada nos viene de fuera. Estamos en el centro de todo lo que sucede en nuestra vida. Todo está en nuestro interior: cualquier experiencia o relación refleja una pauta mental interior.

El temor es lo contrario del amor. Cuanto más dispuestos estamos a amarnos y a confiar en nosotros mismos, más atraemos esas cualidades hacia nosotros. Cuando pasamos por una racha de verdadero miedo, inquietud o preocupación, o no nos sentimos a gusto con nosotros mismos, ¿no es sorprendente cómo todo va mal en nuestra vida? Una cosa tras otra. Parece la historia de nunca acabar.

Bien, pues, lo mismo pasa cuando nos amamos verdaderamente. Todo comienza a ir por la senda del triunfo, «las luces se nos ponen verdes» y encontramos «sitios para aparcar». Todas esas cosas que hacen tan agradable la vida, las pequeñas y las grandes. Nos levantamos por la mañana y el día se despliega bellamente.

Ámate para que puedas cuidar de ti mismo. Haz todo lo que puedas para fortalecer tu corazón, tu cuerpo y tu mente. Vuélvete hacia tu Poder interior. Busca una buena conexión espiritual y esfuérzate por mantenerla.

Si te sientes amenazado o asustado, respira conscientemente. Con frecuencia retenemos el aliento cuando estamos asustados. Respira hondo unas cuantas veces. La respiración abre el espacio interior que es tu poder, fortalece la columna vertebral, abre la caja torácica y deja al corazón más espacio para dilatarse. Al respirar empiezas a echar abajo barreras y a abrirte. Te expandes en vez de contraerte. Tu amor fluye. Di: «Soy uno con el Poder que me ha creado. Estoy seguro y a salvo. Todo está bien en mi mundo».

La limpieza de las adicciones

Las adicciones son formas que tenemos de enmascarar nuestros temores: suprimen las emociones para que no sintamos. Hay muchos tipos de adicciones además de las químicas. También están las que yo llamo «adicciones a pautas», a esos hábitos que adoptamos para evitar estar presentes en nuestra vida. Cuando no queremos afrontar lo que tenemos delante, o cuando no deseamos estar donde estamos, echamos mano de una pauta o hábito que nos mantiene desconectados de nuestra vida. Para algunas personas puede ser una adicción a la comida o a algún producto químico. Puede que haya una disposición genética al alcoholismo, pero la opción de seguir enfermo es siempre individual. Muchas veces, cuando hablamos de que algo es hereditario, se trata en realidad de la aceptación por parte del niño pequeño de la forma de afrontar el temor que empleaban su padre o su madre.

Para otras personas, están las adicciones emocionales. Se puede ser adicto a encontrar defectos en la gente. Pase lo que pase, siempre se encuentra a alguien a quien echarle la culpa: «La culpa es suya, ellos me hicieron esto».

Hay adictos a las facturas. Muchas personas son adictas a endeudarse; hacen todo lo posible por estar siempre llenas de deudas. Y por lo visto, esto no tiene nada que ver con la cantidad de dinero de que dispongan.

También hay personas adictas al rechazo. Dondequiera que vayan atraen a gente que las rechaza. Encuentran rechazo por todas partes. Sin embargo, el rechazo del exterior es un reflejo de su propio rechazo. Si estas personas no se rechazaran, nadie las rechazaría, y aunque lo hicieran, ciertamente a ellas no les importaría. Si éste es tu caso, pregúntate: «¿Qué es lo que no acepto de mí?».

Hay muchísimas personas adictas a la enfermedad. Siempre están enfermas o preocupadas por el temor de enfermar. Es como si pertenecieran al Club de la Enfermedad del Mes.

Si has de ser adicto a algo, ¿por qué no lo eres a amarte a ti mismo? Podrías ser adicto a hacer afirmaciones positivas o a llevar a cabo cosas que te apoyen y te alienten.

La necesidad compulsiva de comer en exceso

Recibo muchísimas cartas de personas que tienen problema de exceso de peso. Siguen una dieta para adelgazar durante dos o tres semanas y la dejan. Entonces se sienten culpables por haberla abandonado. En lugar de apreciar que hicieron cuanto pudieron, se enfadan consigo mismas y se sienten agobiadas por la culpa. Para castigarse, pues la culpa siempre busca castigo, van a restaurantes y comen alimentos que no son buenos para su cuerpo. Si estas personas lograran reconocer que durante esas dos o tres semanas que siguieron un determinado régimen hicieron algo maravilloso para su cuerpo, y dejaran de cubrirse con capas y más capas de culpa, podrían romper el hábito. Podrían comenzar a decir: «Yo tenía un problema de peso; ahora me doy permiso para tener el peso perfecto para mí», y el hábito de comer en exceso empezaría a marcharse. Sin embargo, no es necesario concentrarse demasiado en el problema de la comida porque no es ahí donde está el verdadero problema.

El hecho de comer en exceso siempre significa que hay una necesidad de protección. Cuando uno se siente inseguro o asustado, se cubre de una almohadilla o capa de seguridad. El peso no tiene nada que ver con la comida. La mayor parte de la gente se pasa la vida enfadada consigo misma por estar gorda. ¡Qué desperdicio de energía! Lo que hay que comprender, más bien, es que hay algo en nuestra vida que nos hace sentir inseguros o en peligro. Puede tratarse del trabajo, el cónyuge, la propia sexualidad o la vida en general. Si tienes un problema de exceso de peso, déjalo a un lado, no te preocupes por la comida y presta atención a esa pauta interior que dice: «Necesito protección porque me siento inseguro».

Es asombrosa la forma en que responden nuestras células a estas pautas. Cuando desaparece la necesidad de protección, cuando comenzamos a sentirnos seguros, la grasa se diluye. Lo he observado en mi propia vida: cuando no me siento segura y a salvo, comienzo a engordar. Cuando mi vida transcurre muy acelerada, y trabajo demasiado y me siento desbordada, experimento una necesidad de protección, una necesidad de seguridad. Entonces digo: «De acuerdo, Louise, ya es hora de que trabajes para sentirte segura. Quiero que sepas de verdad que estás a salvo, que todo va bien y que puedes hacer lo que quieras, estar donde quieras y tener todo lo que está sucediendo ahora mismo. Estás a salvo y yo te amo».

El peso es sólo el efecto exterior del miedo que hay dentro. Cuando te mires en el espejo y veas a esa persona gorda que te contempla, recuerda que estás viendo el resultado de tu antigua forma de pensar. Cuando empieces a cambiar de pensamientos, habrás plantado la semilla de lo que se convertirá en realidad para ti. Lo que elijas pensar hoy creará la nueva figura que tendrás mañana. Uno de los mejores libros sobre cómo liberar peso es el de Sondra Ray titulado *The Only Diet There Is* [La única dieta que hay]. La dieta a la que se refiere este libro es la de abstenerse de pensamientos negativos. La autora enseña cómo hacerlo, paso a paso.

Grupos de autoayuda

Los grupos de autoayuda se han convertido en una nueva entidad social. Creo que se trata de un movimiento muy positivo. Estos programas hacen un bien enorme. Personas que tienen problemas similares se reúnen, no a lamentarse ni a quejarse, sino a buscar formas de trabajar para solucionar esos problemas y mejorar la calidad de su vida. Actualmente existen grupos para casi todos los problemas que uno pueda imaginarse. Sé que puedes encontrar alguno que te convenga. En muchas iglesias también hay reuniones de grupo.

En cualquier tienda de alimentos dietéticos (uno de mis lugares favoritos) encontrarás información sobre este tema. Si te tomas en serio el cambio de tu vida, hallarás la manera de llevarlo a cabo.

Los Programas de 12 Pasos existen desde hace mucho tiempo, en un enfoque muy práctico y que da excelentes resultados. El programa de los 12 Pasos de Alcohólicos Anónimos, dirigido a los familiares de adictos, es uno de los mejores para todo tipo de personas.

Los sentimientos son nuestros indicadores interiores

Cuando nos criamos en una familia con problemas o que no funciona bien, aprendemos a hacer lo posible por evitar conflictos, y esto tiene como consecuencia la negación de nuestros sentimientos. Suele sucedernos que no confiamos en que los demás puedan satisfacer nuestras necesidades, de modo que ni siquiera pedimos ayuda. Estamos convencidos de que hemos de ser lo suficientemente fuertes para arreglárnoslas solos. El único problema es que nos desconectamos de nuestros propios sentimientos, que son la base de nuestra relación con nosotros mismos, con los demás y con el mundo que nos rodea; son los indicadores de lo que marcha o no marcha en nuestra vida. Aislarlos y desconectarlos sólo nos lleva a problemas más complicados y a enfermedades físicas. Lo que se puede sentir se puede sanar. Si no te permites sentir lo que pasa en tu interior, no sabrás por dónde comenzar el proceso de curación.

Por lo visto muchos de nosotros vamos por la vida sintiéndonos constantemente culpables, envidiosos, asustados o tristes. Nos creamos hábitos que nos mantienen repitiendo sin cesar las mismas experiencias que afirmamos que no queremos tener. Si te pasas la vida enfadado, triste, temeroso o celoso, y no conectas con la causa subyacente en tus sentimientos, continuarás creando más rabia, tristeza, temor, etcétera. Cuando dejamos de sentirnos víctimas, somos capaces de recuperar nuestro poder. Tenemos que estar dispuestos a aprender la lección para que el problema desaparezca.

Si confiamos en el proceso de la vida y en nuestra conexión espiritual con el Universo, podremos disolver nuestros enfados y temores tan pronto como aparecen. Ciertamente podemos confiar en la vida y saber que todo sucede dentro del correcto orden divino y en el momento y el lugar perfectos.

7

Más allá del dolor

*Somos muchísimo más que nuestro cuerpo y
nuestra personalidad. El espíritu interior es
siempre hermoso y digno de amor, por mucho
que pueda cambiar nuestra apariencia externa.*

El dolor de la muerte

Es fabuloso ser positivo. También es fabuloso reconocer lo
que se siente. La Naturaleza nos ha dado sentimientos
para pasar por ciertas experiencias; negarlos causa más dolor. La muerte no es un fracaso, recuérdalo. Todos morimos, la muerte forma parte del proceso de la vida.

Cuando muere un ser querido, el proceso de aflicción
dura como mínimo un año. Por lo tanto, tómate ese tiempo. Es muy difícil pasar por todos esos días de fiesta, las diferentes estaciones, las fechas especiales: los cumpleaños,
el aniversario de boda, Navidad, etcétera, de modo que sé
muy cariñoso contigo mismo y date permiso para afligirte

y llorar. No hay ninguna regla para hacerlo, no te impongas ninguna.

También es correcto enfadarse y ponerse histérico cuando alguien se muere. No se puede simular que no duele. Es necesario dar salida a los sentimientos. Permítete llorar. Mírate al espejo y gime: «No es justo», o lo que sea que sientas. Déjalo salir, lo repito; de lo contrario, te crearás problemas en tu cuerpo. Cuida de ti mismo lo mejor posible; ya sé que no es fácil, pero hazlo.

Los que trabajamos con personas enfermas de sida nos encontramos con que este proceso de aflicción se hace continuo. Lo mismo ocurre en tiempo de guerra. Hay demasiadas muertes para que nuestra sensibilidad pueda con ellos. Cuando todo esto me supera, acudo a personas muy amigas y me desahogo en arranques de histeria. Fue mucho más fácil cuando murió mi madre. Pensé que era el final natural de su ciclo de noventa años. Aunque sentí su muerte y lloré, no sentí la rabia y el furor que provocan la injusticia y la importunidad de la muerte de una persona joven. Las guerras y las epidemias producen una enorme frustración por su aparente injusticia

Aunque el desahogo de la aflicción lleva su tiempo, a veces uno se siente como si estuviera en un pozo sin fondo. Si continúas con tu aflicción pasados unos años, eso quiere decir que te estás revolcando en ella. Es necesario que perdones y liberes a la otra persona, así como a ti mismo. Es bueno recordar que no perdemos a nadie cuando muere alguien, puesto que esa persona jamás nos perteneció.

Si te resulta muy difícil superarlo, puedes hacer varias cosas. Antes que nada, te sugiero que medites en la persona que se ha ido. Fuera lo que fuese que esta persona creyera o hiciera cuando estaba viva, en el momento en que deja el planeta, se levanta un velo y ella ve la vida con mucha claridad y nitidez. De modo que las personas que han muerto ya no tienen los temores ni las creencias que tenían cuando estaban aquí. Si estás sufriendo mucho por la muerte de un ser querido, probablemente te dirá que no te preocupes porque todo está bien. En tu meditación pídele que te ayude a pasar este período, y dile que le amas.

No te juzgues por no haber estado con esa persona o no haber hecho lo suficiente por ella cuando estaba viva. Eso sólo aumenta la culpa y la pena. Algunas personas utilizan el tiempo de duelo como excusa para no continuar con su propia vida... y a veces les gustaría dejar el planeta también. La muerte de alguien a quien conocemos y amamos puede, asimismo, hacer aflorar nuestro propio miedo a la muerte.

Emplea el tiempo de duelo en hacer tu trabajo interior para liberar cosas que tienes dentro. La muerte de un ser querido hace aflorar mucha tristeza. Permítete sentirla. Necesitas llegar a un punto en donde te sientas lo suficientemente seguro para dejar aparecer viejos dolores. Si te permites dos o tres días de llanto, desaparecerá parte de tu tristeza y tu sentimiento de culpa. Si lo necesitas, busca un buen terapeuta o un grupo que te ayude a sentirte lo suficientemente a salvo para poder sacar fuera esas emociones. Otra sugerencia es hacer afirmaciones como: «Te amo y te dejo libre. Tú estás libre y yo estoy libre».

En uno de mis talleres había una mujer que tenía mucha dificultad para dejar salir la rabia que sentía contra una tía que estaba muy enferma. Le aterraba pensar que su tía se iba a morir y ella no sería capaz de comunicarle lo que realmente sentía respecto al pasado. No deseaba hablar con ella porque se sentía ahogada, bloqueada interiormente. Le sugerí que acudiera a un terapeuta porque en su caso el trabajo individual le iba a ser de mucha utilidad. Cuando estamos atascados en algún aspecto, pedir ayuda es un acto de amor por nosotros mismos.

Hay muchas clases de terapeutas en todas partes que tienen experiencia en estas situaciones. No es necesario que vayas durante mucho tiempo, unas pocas sesiones son suficientes para superar el período difícil. También hay grupos de apoyo para estos casos. Podría resultarte útil acudir a uno de ellos porque te ayudarían a superar tu pena.

Comprender nuestro dolor

Muchas personas viven cotidianamente con un dolor continuo. Puede tratarse de una parte pequeña y sin trascendencia en su vida, o puede constituir una parte importante e insoportable de ella. Pero, ¿qué es el dolor? Muchos estamos de acuerdo en que es algo de lo que nos gustaría vernos libres. Veamos qué podemos aprender de él. ¿De dónde procede? ¿Qué trata de decirnos?

El diccionario define el dolor como «una sensación desagradable o molesta debida a un daño o trastorno corporal». Otra definición es «sufrimiento o tormento mental o emocional». Ya que el dolor es una manifestación de malestar mental y físico, es evidente que tanto la mente como el cuerpo son susceptibles de sufrirlo.

No hace mucho fui testigo de un maravilloso ejemplo que ilustra este punto. Estaba observando a dos niñas que jugaban en el parque. La primera levantó la mano para darle una juguetona palmada en el brazo a su amiguita. Antes de que la tocara, la otra exclamó: «¡Ay!». «¿Por qué gritas si aún no te he tocado?», dijo la primera mirándola. A lo cual la otra contestó rápidamente: «Ah, es que yo sabía que me iba a doler». En este ejemplo el dolor mental fue imaginarse o suponer el dolor físico.

El dolor nos llega de muchas formas: un arañazo, un chichón, una magulladura; mal-estar, dormir mal, una amenaza, un nudo en el estómago; una sensación de entumecimiento en el brazo o la pierna... A veces duele mucho, a veces sólo un poco, pero lo sentimos, sabemos que está ahí. En la mayoría de los casos el dolor intenta decirnos algo. A veces, el mensaje es evidente, muy claro. La acidez de estómago que se experimenta los días laborables pero no los fines de semana puede ser indicio de que necesitamos cambiar de trabajo. Muchos conocemos muy bien el significado del dolor que se sufre después de una noche en que hemos bebido en exceso.

Sea cual fuere el mensaje, debemos recordar que el cuerpo humano es una maquinaria maravillosamente construida. Cuando hay problemas nos informa de ello, pero sólo si estamos dispuestos a escuchar. Por desgracia, muchas personas no se toman el tiempo necesario para escuchar a su cuerpo.

En realidad, el dolor es el último recurso del cuerpo para decirnos que algo va mal en nuestra vida. Nos hemos despistado o perdido en algún lugar. Le hagamos lo que le hagamos, el cuerpo siempre anhela una salud óptima. Pero si lo maltratamos, contribuimos a nuestra enfermedad o malestar.

¿Qué hacemos cuando sentimos la primera sensación de dolor? Generalmente corremos al botiquín o a la farmacia y nos tomamos una píldora o una cápsula. Lo que le decimos así al cuerpo es: «Calla, no deseo escucharte». Entonces él se callará durante un tiempo, y después volverán los dolores, esta vez algo más fuertes. Entonces tal vez vayamos al médico para que nos recete algo: pastillas, inyecciones o cualquier otra cosa. En algún momento tenemos que prestar atención a nuestro cuerpo para ver qué pasa, porque muy bien podría ser que tuviéramos alguna enfermedad ya avanzada. Incluso en este caso, muchas personas prefieren seguir con el papel de víctimas y se resisten a escuchar. Otras abren los ojos a lo que sucede y se muestran dispuestas a hacer cambios. Todo está bien. Cada cual aprende de diferente manera.

Las respuestas pueden ser tan sencillas como procurarse una buena noche de sueño, o no salir siete noches por semana, o no excederse en el trabajo. Permítete escuchar a tu cuerpo porque él sí desea ponerse bien. Tu cuerpo quiere estar sano, y tú puedes colaborar con él.

Cuando siento un dolor o una molestia, me quedo en silencio. Sé que mi Poder Superior me hará saber qué necesito cambiar en mi vida para estar libre de enfermedades. En estos momentos de silencio imagino o visualizo los escenarios naturales más perfectos, con mis flores preferidas, que me rodean en abundancia. Puedo sentir y oler la dulce y tibia brisa que sopla y roza mi cara. Me concentro en relajar todos los músculos de mi cuerpo.

Cuando noto que he llegado a un estado de relajación total, sencillamente le pregunto a mi Sabiduría Interior: «¿De qué forma estoy contribuyendo a este problema? ¿Qué es lo que necesito saber? ¿Qué aspectos de mi vida necesitan un cambio?». Entonces dejo que me lleguen las respuestas. Es posible que no lleguen en este mismo momento, pero sé que pronto se me revelarán. Sé que cualesquiera sean los cambios necesarios, serán los correctos para mí y que estaré completamente a salvo sea lo que sea que se despliegue ante mí.

A veces uno se pregunta cómo va a realizar tales cambios. «¿Cómo voy a vivir? ¿Qué pasará con mis hijos? ¿Cómo voy a pagar mis deudas?» Lo repito, confía en que tu Poder Superior te va a enseñar los medios para vivir una vida llena de abundancia y libre de dolor.

También te sugiero que efectúes los cambios paso a paso. Lao-Tse dijo: «El viaje más largo comienza con un paso». Un pasito más otro pueden significar progresos importantes. Una vez que comiences a llevar a cabo tus cambios, recuerda por favor que el dolor no desaparece de la

noche a la mañana, aunque bien podría ser que sí. Ha llevado su tiempo que aflorara a la superficie, por lo tanto es posible que también lleve su tiempo darse cuenta de que ya no
se lo necesita. Sé amable contigo mismo. No midas tus progresos por los de otra persona. Eres único y tienes tu propia
manera de manejar la vida. Deposita tu confianza en tu Yo
Superior para librarte de todo dolor físico o emocional.

El perdón es la llave de la libertad

«¿Prefieres tener razón o ser feliz?», suelo preguntar a mis
clientes. Todos tenemos opiniones sobre quién tiene razón
y quién está equivocado, según nuestra propia forma de entender las cosas; y todos podemos encontrar razones que
justifiquen nuestra opinión y nuestros sentimientos. Deseamos castigar a otras personas por lo que nos han hecho. Sin
embargo, somos nosotros quienes «pasamos la película»
una y otra vez en nuestra mente. Es tonto castigarnos ahora por el daño que alguien nos hizo en el pasado.

Para liberar y dejar atrás el pasado es preciso estar dispuestos a perdonar, aun cuando no sepamos cómo hacerlo. Perdonar significa renunciar a nuestros sentimientos
dolorosos y sencillamente dejar que lo que los provocó se
marche. Un estado de no perdón efectivamente destruye
algo dentro de nosotros.

Sea cual fuere la senda espiritual que sigues, lo normal
es que descubras que el perdón es un asunto importantísi-

mío en cualquier momento, pero sobre todo cuando hay una enfermedad. Cuando estamos enfermos es preciso que observemos lo que nos rodea y veamos qué necesitamos perdonar. Generalmente sucede que aquella persona a la que pensamos que jamás vamos a perdonar es precisamente la que más necesitamos perdonar. No perdonar a una persona no le causa el menor daño a ella, pero a nosotros nos provoca estragos. El problema no es de ella. El problema es nuestro.

Los rencores y heridas que nos duelen tienen mucho que ver con perdonarnos a nosotros mismos, no a otra persona. Afirma que estás totalmente dispuesto a perdonarte: «Estoy dispuesto a liberarme del pasado. Estoy dispuesto a perdonar a todos aquellos que alguna vez me hicieron daño, y me perdono por haber dañado a otros». Si piensas en alguien que te hizo daño en algún momento de tu vida, bendice a esa persona con amor y libérala. Después, desecha el pensamiento.

Yo no estaría aquí ahora si no hubiera perdonado a las personas que me hicieron daño. No deseo castigarme en el presente por lo que ellas me hicieron en el pasado. No quiero decir que lograrlo haya sido fácil. Sólo que ahora puedo mirar hacia atrás y decir: «Ah, sí, eso es algo que sucedió». Pero ya no vivo allí. Y no es lo mismo que justificar o excusar su comportamiento.

Si te sientes estafado o timado por alguien, has de saber que nadie puede quitarte nada que sea tuyo por derecho. Si te pertenece, volverá a ti en el momento oportuno. Si algo no retorna, eso quiere decir que no había de volver. Acéptalo y continúa con tu vida.

Para ser libre es preciso abandonar el resentimiento «que clama justicia» y superar los sentimientos de autocompasión.

Cuando sufres un ataque de autocompasión, te conviertes en esa persona desamparada que no tiene ningún poder. Para tener poder es preciso estar con los pies apoyados en el suelo y asumir la responsabilidad.

Tómate un momento, cierra los ojos e imagínate un hermoso riachuelo que pasa junto a ti. Coge la vieja experiencia dolorosa, la herida, la falta de perdón, y lánzalo todo al riachuelo. Observa cómo comienza a disolverse avanzando río abajo hasta que se disipa y desaparece totalmente. Haz esto lo más a menudo que puedas.

Ha llegado el momento de la compasión y la curación. Entra en tu interior y comunícate con esa parte tuya que sabe curar. Eres increíblemente competente. Estás dispuesto a avanzar hacia nuevos planos para descubrir aptitudes de las cuales ni siquiera tenías conciencia, no sólo para curar la enfermedad o mal-estar, sino también para sanarte a ti mismo en todos los aspectos posibles, para hacerte íntegro en el sentido más profundo de la palabra, para aceptar cada parte de ti mismo y cada experiencia que hayas tenido, y para saber que todo esto forma parte de la trama de tu vida en estos momentos.

Me encanta el *Libro de Emmanuel*. Hay un párrafo que contiene un buen mensaje:

—¿Cómo se experimentan circunstancias dolorosas sin amargarse por ellas? —le preguntan a Emmanuel.

—Tomándolas como enseñanzas y no como castigos —contesta Emmanuel—. Confiad en la vida, amigos míos. Por muy lejos que os parezca que os lleva, ese viaje es necesario. Habéis venido a cruzar un amplio terreno de experiencia con el fin de verificar dónde está la verdad y dónde está vuestra tergiversación de la verdad. Entonces seréis capaces de volver a vuestro hogar, a vuestro yo espiritual, renovados y más sabios.

Ojalá pudiéramos comprender que todos nuestros supuestos problemas son sólo oportunidades para que crezcamos y cambiemos, y que la mayoría de ellos proceden de las vibraciones que hemos estado emitiendo. Lo único que necesitamos hacer es cambiar nuestra forma de pensar, y estar dispuestos a disolver el rencor y a perdonar.

Tercera parte

Amarse a uno mismo

¿Recuerdas la última vez que te enamoraste? Tu corazón hacía «ahhhhh». Era una sensación maravillosa. Lo mismo pasa cuando uno se ama a sí mismo, sólo que uno nunca puede abandonarse. Una vez que cuentas con tu propio amor, éste te acompaña durante el resto de tu vida, de modo que es preciso que hagas de ésta la mejor relación que tengas.

8

Cómo amarse

*Cuando uno perdona y libera, no sólo se
quita de encima una enorme y pesada carga
sino que además abre la puerta hacia el
amor a sí mismo.*

Vamos a examinar algunas formas de amarnos a nosotros
mismos que pueden resultar útiles para aquellos de vosotros que ya llevan algún tiempo trabajando en ello, y
también para las personas que acaban de comenzar. Yo los
llamo mis *Diez Pasos*; a lo largo de los años he enviado la
lista a miles de personas.

Amarse a uno mismo es una aventura maravillosa; es
como aprender a volar. ¿Te imaginas que todos tuviéramos
el poder de volar a voluntad? ¡Sería fantástico! Empecemos
a amarnos ahora mismo.

En un aspecto o en otro, por lo visto todos sufrimos de
alguna carencia de amor a nosotros mismos. Nos resulta
muy difícil amarnos porque llevamos dentro esos supues-

tos defectos que nos hacen imposible amarnos tal como somos. Generalmente nos ponemos condiciones para amarnos, y cuando entablamos alguna relación también ponemos condiciones para amar a la otra persona. Todos hemos escuchado que no podemos amar de verdad a los demás hasta que nos amemos a nosotros mismos. De modo que, ahora que ya hemos visto las barreras que hemos levantado para obstaculizarnos, veamos cómo hacemos para lanzarnos al paso siguiente.

Diez maneras de amarnos

1. Dejemos de criticarnos

Este es quizá el punto más importante. Ya hablamos de la crítica en el capítulo 5. Si nos decimos a nosotros mismos que, pase lo que pase, estamos bien y valemos, podemos cambiar con facilidad nuestra vida. Pero si nos decimos que estamos mal, nos resultará enormemente difícil lograrlo. Todos cambiamos, todos. Cada día es un nuevo día y hacemos las cosas de manera algo diferente a como las hicimos el día anterior. Nuestra capacidad para adaptarnos y avanzar con el proceso de la vida es nuestro poder.

Las personas que proceden de hogares problemáticos suelen tener un sentido de la responsabilidad exagerado y han adquirido la costumbre de juzgarse sin piedad. Crecieron en medio de la tensión y la angustia. El mensaje que recibieron cuando eran niños les hace pensar: «Seguro que algo no funciona bien en mí». Piensa por un momento en las palabras que empleas cuando te regañas. Las más comunes son: estúpido, chico malo, chica mala, inútil, descuidado, feo, bobo, indigno, perezoso, desaseado, etc. ¿Son éstas las mismas palabras que empleas para describirte?

Tenemos una gran necesidad de fortalecer nuestra propia valía y mérito, porque cuando pensamos que no valemos lo suficiente encontramos la manera de ser siempre desgraciados. Nos creamos enfermedades y dolor, aplazamos cosas que nos beneficiarían, maltratamos nuestro cuerpo con comidas dañinas, con alcohol y otras drogas...

En cierta manera todos nos sentimos inseguros, porque somos humanos. Aprendemos a no pretender que somos perfectos. La necesidad de ser perfectos sólo nos crea una enorme presión, y nos impide ver los aspectos de nuestra vida que necesitan curación. En lugar de eso podríamos descubrir nuestras aptitudes creativas, nuestra individualidad, y valorarnos por esas cualidades que nos distinguen de los demás. Cada uno de nosotros tiene un papel único que desempeñar en la Tierra, papel que oscurecemos al criticarnos.

2. Dejemos de asustarnos

Muchos de nosotros nos llenamos de miedo con pensamientos aterradores, logrando con ellos hacer las situaciones peores de lo que son. Cogemos un pequeño problema y lo transformamos en un monstruo gigantesco. Es una forma terrible de vivir, siempre a la espera de que ocurra lo peor en nuestra vida. ¿Cuántos de vosotros os vais a la cama por la noche imaginándoos el peor de los guiones posibles para un problema? Eso es lo mismo que hace un niño pequeño cuando se imagina que hay monstruos debajo de la cama y se asusta por ello. Si haces esto, no es raro entonces que no puedas dormir. Cuando eras pequeño necesitabas que tu madre o tu padre vinieran a tranquilizarte. Ahora que eres adulto sabes que tienes la capacidad de tranquilizarte a ti mismo.

Esto suelen hacerlo mucho las personas enfermas. Con frecuencia se imaginan lo peor, si es que no están ya planeando sus funerales. Ceden su poder a los medios de comunicación y se consideran datos estadísticos.

También ocurre a menudo en las relaciones. Alguien no te llama por teléfono e inmediatamente supones que no eres digno de amor y decides que jamás vas a volver a embarcarte en otra relación. Te sientes abandonado y rechazado.

Lo mismo sucede con el trabajo. Alguien te hace un comentario y comienzas a pensar que te van a despedir. Construyes estos paralizantes pensamientos en tu mente. Recuerda que los pensamientos de temor son afirmaciones negativas.

Si habitualmente repasas en tu mente situaciones o pensamientos negativos, busca la imagen de algo con lo que verdaderamente te gustaría reemplazarlos. Podría ser un hermoso paisaje, una puesta de sol, flores, algún deporte, o cualquier cosa que te guste. Utiliza esa imagen como un «interruptor» cada vez que te des cuenta de que tienes pensamientos de miedo. Di: «No, ya no voy a pensar en eso. Voy a pensar en puestas de sol, en rosales, en París, en yates o hermosos saltos de agua», según cual sea tu imagen. Si lo haces así, finalmente superarás la costumbre, aunque es algo que requiere mucha práctica.

3. Seamos amables, cariñosos y pacientes con nosotros mismos

Con mucho humor Oren Arnold escribió: «Querido Dios, te ruego que me des paciencia. ¡Y la quiero ahora mismo!».

La paciencia es una herramienta muy potente. La mayoría sufrimos de la expectativa de la gratificación inmediata. Queremos que todo suceda enseguida. No tenemos paciencia para esperar nada. Nos irritamos si tenemos que esperar en una cola o si estamos atascados en un embotellamiento. Queremos todas las respuestas y todos los bienes ahora mismo, ya. Con muchísima frecuencia hacemos desgraciadas a otras personas con nuestra impaciencia. La impaciencia es una resistencia a aprender. Deseamos tener las respuestas sin aprender la lección o sin dar los pasos necesarios.

Piensa en tu mente como si fuera un jardín. Para empezar, un jardín es un trozo de tierra. Puede que en él haya muchas zarzas de odio a uno mismo y piedras de desesperación, rabia y preocupación. Hay un viejo árbol llamado miedo que necesita una buena poda o que lo corten. Una vez hayas limpiado bien el terreno y abonado la tierra, siembra algunas semillas de alegría y prosperidad. El sol brilla sobre tu jardín, y tú lo riegas, lo abonas y lo cuidas amorosamente.

Al principio no se ve que suceda gran cosa. Pero tú no te detengas, continúa cuidando tu jardín. Si tienes paciencia, las plantas crecerán y se llenarán de flores. Lo mismo sucede en tu mente: tú seleccionas los pensamientos que vas a cuidar, y si tienes paciencia, verás cómo crecen y contribuyen a crear el jardín de experiencias que deseas.

Todos cometemos errores. Es normal equivocarse cuando se está aprendiendo. Como ya he dicho, son muchas las personas que padecen de perfeccionismo. No se dan ni una sola oportunidad de aprender algo nuevo porque si no lo hacen a la perfección en los tres primeros minutos, ya suponen que no sirven.

Cualquier cosa que decidas aprender requiere tiempo.

Cuando uno comienza a hacer algo que nunca ha hecho, generalmente lo encuentra algo raro. Para que veas lo que quiero decir, cógete las manos. No hay ninguna forma correcta o incorrecta de hacerlo. Cógete las manos y observa qué dedo pulgar queda encima. Ahora separa las manos y vuelva a cogértelas, esta vez con el otro dedo pulgar encima. Probablemente te parecerá extraño, raro, incluso incorrecto. Cógetelas de nuevo como la primera vez, luego cambia, vuelve a cogértelas como la segunda vez y déjalas así. ¿Qué te parece? No tan raro. No tan mal. Ya te estás acostumbrando. Tal vez puedas aprender a cogértelas de las dos maneras sin sentir extrañeza.

Lo mismo sucede cuando hacemos algo de una forma nueva. Puede parecernos diferente e inmediatamente la juzgamos. Sin embargo, con un poco de práctica se nos hace normal y natural. No vamos a amarnos a nosotros mismos totalmente en un solo día, pero podemos amarnos un poco más cada día. Si cada día nos damos un poquitín más de amor, dentro de dos o tres meses habremos progresado bastante en nuestro amor propio.

Así pues, las equivocaciones son nuestros peldaños. Son muy valiosas porque son nuestras maestras. No te castigues por cometer un error. Si estás dispuesto a utilizarlo para aprender y crecer, entonces te servirá como un peldaño hacia la realización total en tu vida.

Algunos llevamos bastante tiempo trabajando en nosotros mismos, y nos preguntamos por qué aún nos siguen reapareciendo problemas. Es necesario que continuemos reforzando lo que sabemos, que no nos resistamos agarrándonos la cabeza y exclamando: «¿De qué me sirve?». Cuando estamos aprendiendo algo nuevo tenemos que ser dulces y cariñosos con nosotros mismos. Recuerda el jardín de que hablábamos hace un momento. Cuando aparezca una mala hierba negativa, arráncala cuanto antes.

4. Aprendamos a ser cariñosos con nuestra mente

No nos odiemos por tener pensamientos negativos. Podemos considerar que estos pensamientos nos «construyen», y no que nos «derriban». No tenemos por qué culparnos por tener experiencias negativas. Podemos aprender de ellas. Ser cariñosos con nosotros mismos quiere decir dejar de culparnos, dejar de sentirnos culpables, acabar con todo castigo y con todo dolor.

También puede ayudarnos la relajación. La relajación es absolutamente esencial para comunicarnos con el Poder interior, porque si uno está tenso y asustado corta, obstruye su energía. Sólo lleva unos pocos minutos al día permitir al cuerpo y a la mente abandonarse y relajarse. En cualquier momento puedes cerrar los ojos, hacer unas cuantas respiraciones profundas y liberar cualquier tensión que lleves contigo. Al espirar, céntrate y di en silencio: «Te quiero. Todo está bien». Verás cómo te sientes mucho más tranquilo. Así te envías mensajes que te dicen que no tienes por qué ir por la vida continuamente tenso y asustado.

Meditación diaria. También recomiendo acallar la mente y escuchar la propia sabiduría interior. Nuestra sociedad ha hecho de la meditación algo misterioso y difícil; no obstante, es uno de los procesos más antiguos y sencillos que existen. Lo único que necesitamos hacer es relajarnos y repetir en silencio palabras tales como «amor» o «paz», u otra que tenga sentido para nosotros. «Om» es un sonido muy antiguo que empleo en mis talleres y da muy buen resultado. Incluso podemos repetir: «Me amo», o «Me perdono», o «Soy perdonado». Después, escuchemos un momento.

Hay quien cree que para meditar es preciso hacer que la mente deje de pensar. En realidad, no podemos detener la mente, pero sí podemos hacer más lentos nuestros pensamientos y dejar que fluyan. Algunas personas se sientan con una libreta y un lápiz y anotan sus pensamientos negativos porque al parecer así éstos se disipan con más facilidad. Si logramos llegar a un estado en que podamos observar cómo pasan nuestros pensamientos y no darles importancia («Ah, aquí hay un pensamiento de miedo, algunos de rabia, ahora pasa un pensamiento de amor, ahora uno de desgracia, ahí va uno de abandono, allá un pensamiento de gozo...»), comenzaremos a utilizar con sabiduría nuestro inmenso poder.

Se puede meditar en cualquier sitio y convertir la meditación en un hábito. Considérala como una manera de concentrarte en tu Poder Superior, de comunicarle contigo mismo y con tu sabiduría interior. Lo puedes hacer de la manera que más te guste. Algunas personas hacen una especie de meditación mientras caminan o corren para hacer ejercicio. Repito: no pienses que lo haces mal porque lo haces de modo diferente. A mí me encanta ponerme de rodillas en el jardín y cavar la tierra. Es una fabulosa meditación para mí.

Visualizar resultados optimistas. Es muy importante también la visualización y hay muchas técnicas para llevarla a cabo. En su libro *Getting Well Again* [Recuperar la salud], el doctor Carl Simonton recomienda muchas técnicas de visualización que suelen dar excelentes resultados en personas enfermas de cáncer.

Mediante la visualización creas imágenes nítidas y positivas que refuerzan tus afirmaciones. Muchos de mis lectores me han escrito para explicarme la clase de visualizaciones que hacen con el fin de reforzar sus afirmaciones. Lo importante a tener en cuenta respecto a las visualizaciones es que deben ser compatibles con el tipo de persona que eres. De lo contrario, no funcionarán.

Por ejemplo, una mujer enferma de cáncer se imaginaba cómo las células buenas de su cuerpo atacaban y mataban a las células malas del cáncer. Al final de la visualización dudaba de haberlo hecho correctamente y no le daba la impresión de que fuera a funcionar. «¿A ti te gusta matar?», le pregunté yo entonces. A mí personalmente no me hace gracia crear una guerra en mi cuerpo. Le sugerí que cambiara su visualización por otra menos violenta. Creo que es mejor emplear imágenes como el sol que derrite las células enfermas, o un mago que las transforma con su varita mágica. Cuando yo tuve cáncer imaginaba un agua limpia y fresca que arrastraba las células malas de mi cuerpo. Necesitamos hacer visualizaciones que no nos disgusten ni resulten repugnantes para nuestro subconsciente.

Si tenemos familiares o amigos que están enfermos, les hacemos un flaco servicio al imaginarlos continuamente de este modo. Visualicémoslos sanos y bien. Enviémosles buenas vibraciones. Sin embargo, es preciso que recordemos que depende de ellos ponerse bien. Existen muchas cintas con visualizaciones y meditaciones guiadas que les puedes regalar para que les ayuden en su proceso si están abiertos y dispuestos. Si no lo están, sólo envíales amor.

Todo el mundo puede hacer visualizaciones. Describir la casa en la que te gustaría vivir, tener una fantasía sexual, imaginar lo que le harías a una persona que te ha hecho daño, todo esto son visualizaciones. Es asombroso lo que es capaz de hacer la mente.

5. Elogiémonos

Éste es el paso siguiente. La crítica deprime al espíritu; el elogio lo levanta. Reconoce tu Poder, reconoce a tu yo Dios. Todos somos expresiones de la Inteligencia Infinita. Cuando te desprecias, desprecias al Poder que te ha creado. Empieza por cosas pequeñas. Dite a ti mismo que eres una persona maravillosa. Si lo haces una vez y dejas de hacerlo, no funciona. Continúa, aunque sea un minuto cada vez. Créeme, a medida que lo vas haciendo resulta más fácil. La próxima vez que hagas algo nuevo o diferente, o algo que comienzas a aprender y no sabes muy bien cómo hacerlo, proporciónate aliento y apoyo.

La primera vez que hablé ante un auditorio en la Iglesia de la Ciencia Religiosa fue tremendamente impresionante. La recuerdo con toda nitidez. Fue en una reunión de mediodía, un viernes. Los asistentes escribieron preguntas y las colocaron en una cesta para que la oradora, yo, las respondiera. Llevé la cesta al podio y contesté las preguntas, realizando un pequeño tratamiento después de cada una. Cuando acabé, abandoné el podio y me dije: «Louise, has estado fabulosa, teniendo en cuenta que ésta ha sido la primera vez. Cuando lo hayas hecho unas seis veces, serás una profesional». No me regañé diciendo: «Ay, olvidé decir esto o aquello». No quería que me diera miedo hacerlo la próxima vez.

Si me castigaba la primera vez, me castigaría la segunda y finalmente sentiría terror de hablar. Dejé pasar unas dos horas antes de ponerme a pensar en lo que podía mejorar la próxima vez. En ningún momento me hice sentir mal. Me preocupé especialmente de elogiarme y felicitarme por ser maravillosa. Cuando ya había dirigido seis reuniones, era una profesional. Creo que podemos aplicar este método en todos los aspectos de nuestra vida. Continué hablando en las reuniones durante bastante tiempo. Éste fue un excelente campo de entrenamiento porque me enseñó a pensar mientras me dirigía al público.

Permítete aceptar lo bueno tanto si crees que te lo mereces como si no. Ya hemos hablado de cómo la creencia de que no somos merecedores es nuestra resistencia a aceptar el bien en nuestra vida. Eso es lo que nos impide tener lo que deseamos. ¿Cómo vamos a decir nada bueno de nosotros si creemos que no nos merecemos lo bueno?

Piensa en las leyes de merecimiento que regían en tu hogar de la infancia. ¿Pensabas que valías lo suficiente, o que eras lo suficientemente inteligente, listo, alto, guapo o lo que sea? ¿Y para qué vives? Sabes que estás aquí por alguna razón, y ésta no es comprar un coche cada tantos años. ¿Qué estás dispuesto a hacer para realizarte plenamente? ¿Estás dispuesto a hacer afirmaciones, visualizaciones, tratamientos? ¿Estás dispuesto a perdonar? ¿Estás dispuesto a meditar? ¿Cuánto esfuerzo mental estás dispuesto a hacer para cambiar tu vida y convertirla en la que deseas?

6 Amarnos significa apoyarnos

Acude a tus amigos y permíteles que te echen una mano. En realidad, es una muestra de fortaleza pedir ayuda cuando se la necesita. Son demasiadas las personas que han aprendido a ser autosuficientes. No pueden pedir ayuda porque su ego se lo prohíbe. En lugar de intentar hacerlo todo solo y enfadarte porque no lo consigues, la próxima vez pide ayuda.

En todas las ciudades hay grupos de apoyo. Existen programas de 12 Pasos casi para todos los problemas. Además, en algunas áreas hay Círculos Curativos y organizaciones afiliadas a iglesias. Si no logras encontrar lo que deseas, puedes iniciar tu propio grupo. No es tan difícil como podría parecer. Reúne a dos o tres amigos que tengan los mismos problemas y establece unas pocas líneas directrices a seguir. Si lo haces con el amor de tu corazón, el grupo crecerá. La gente se sentirá atraída como por un imán. No te preocupes si el grupo empieza a crecer y el lugar de reunión se hace demasiado pequeño. El Universo siempre provee. Si no sabes qué hacer, escribe a Hay House y te enviaremos orientaciones sobre cómo dirigir un grupo.* Todos podemos estar de verdad presentes los unos para los otros.

En 1985 comencé «las reuniones de los miércoles» con seis hombres enfermos de sida, en la sala de estar de mi casa de Los Ángeles. No sabíamos qué íbamos a hacer con respecto a esta intensa crisis. Yo les dije que no nos íbamos a sentar allí a jugar al «¡Qué terrible!, ¿verdad?», porque eso ya lo sabíamos. Íbamos a hacer lo que pudiéramos para apoyarnos mutuamente, abordando el problema de forma positiva. Ac-

---

* Hay House, Inc. - P.O. Box 6204 - Carson, CA 90749-6204 -USA. (N del E.)

tualmente nos seguimos reuniendo, y ya tenemos cerca de 200 personas que acuden cada miércoles por la noche al West Hollywood Park.

Es un grupo extraordinario para personas que tienen el sida, y se da la bienvenida a todo el mundo. Vienen personas de todas partes del mundo a ver cómo funciona este grupo, y porque se sienten apoyadas. No soy sólo yo, es el grupo. Todos contribuyen a que sea efectivo. Meditamos y hacemos visualizaciones. Difundimos y compartimos información sobre las terapias alternativas y los últimos adelantos de la medicina. Hay mesas de energía en un extremo de la sala, donde algunas personas se echan y otras les transmiten su energía imponiéndoles las manos u orando por ellas. Tenemos terapeutas de la Ciencia de la Mente con quienes se puede hablar. Al final cantamos y nos abrazamos los unos a los otros. Deseamos que la gente salga de allí sintiéndose mejor que como entraron. A veces estas personas reciben un estímulo positivo que les dura varios días.

Los grupos de apoyo se han convertido en una nueva entidad social y son instrumentos muy efectivos para esta compleja época. Muchas iglesias del «nuevo pensamiento», como la de la Unidad y la de la Ciencia Religiosa, tienen grupos de apoyo que se reúnen semanalmente. En revistas y periódicos de la Nueva Era aparecen listas de grupos. Establecer una red de apoyo es muy importante. Te estimula y te pone en marcha. Sugiero que las personas que tienen ideas similares se reúnan y compartan sus experiencias de forma regular.

Cuando las personas trabajan juntas en un objetivo común, acuden con su dolor, su confusión, su rabia o lo que sea, y se unen, no para quejarse y gemir, sino para encontrar la forma de superar sus problemas, para elevarse por encima de ellos y crecer.

Si eres una persona muy entregada, autodisciplinada y espiritual, puedes realizar muchísimo trabajo en ti misma sola. Pero si participas en un grupo en que todos hacen lo mismo, darás un salto cuántico porque cada uno aprende de los demás. Cada persona del grupo es un maestro. De modo que si tienes problemas que requieran algún trabajo, te sugiero que, si es posible, entres en un grupo donde puedas llevarlo a cabo.

7. Amemos nuestros rasgos negativos

Todos ellos forman parte de nuestra creación, del mismo modo que todos nosotros formamos parte de la creación de Dios. La Inteligencia que nos ha creado no nos odia porque cometamos errores o porque nos enfademos con nuestros hijos. Esta Inteligencia sabe que hacemos lo mejor que sabemos y nos ama porque todos somos sus creaciones; de igual modo podemos amarnos nosotros. Vosotros y yo, todos hemos hecho elecciones negativas, y si continuamos castigándonos por ellas, se convertirán en pautas habituales y nos resultará muy agotador dejarlas marchar y hacer elecciones más positivas.

Si te pasas la vida diciendo: «Odio mi trabajo. Odio mi casa. Odio mi enfermedad. Odio esta relación. Odio esto, odio aquello...», muy pocas cosas buenas podrán entrar en tu vida.

Sea cual fuere la situación negativa en que te encuentres, está ahí por algún motivo; de otra forma, no le hubieras permitido entrar en tu vida. El doctor John Harrison, autor del libro *Love your disease* [Ame su enfermedad] dice que jamás hay que condenar a nadie por haber sido operado muchas veces o por tener diversas enfermedades. En realidad, los enfermos pueden felicitarse por haber encontrado un medio seguro de satisfacer sus necesidades. Es necesario que entendamos que sea cual sea el problema que tengamos, nosotros contribuimos a crearlo con el fin de manejar ciertas situaciones. Una vez comprendido esto, podemos encontrar formas positivas de satisfacer nuestras necesidades.

Hay personas enfermas de cáncer o de otras enfermedades graves a quienes les ha resultado tan difícil decir «no» a alguna figura de autoridad en su vida, que inconscientemente han ido creando la enfermedad para que diga «no» en su lugar. Conocí a una mujer que, al comprender que el único fin de la enfermedad que se estaba creando era ser capaz de negarse a las exigencias de su padre, decidió ponerse en su lugar por una vez. Comenzó a decir «no» a su padre. Si bien al comienzo le resultó difícil, como continuó firme en su decisión, vio encantada que se estaba curando.

Sean cuales fueren nuestras pautas negativas, podemos aprender a satisfacer esas necesidades de forma más positiva. Por eso es tan importante hacerse la pregunta: «¿Qué beneficio saco de esta experiencia? ¿Qué hay de positivo en ella?». No suele gustar responder a esa pregunta. Pero si realmente miramos en nuestro interior y somos honestos con nosotros mismos, encontraremos la respuesta.

Tal vez tu respuesta sería: «Es la única manera que tengo de conseguir una amorosa atención de mi pareja». Una vez que lo has comprendido, puedes comenzar a buscar formas más positivas de conseguirla.

El humor es otro potente instrumento; nos ayuda a liberarnos y a aligerarnos durante las experiencias tensas y agotadoras. En las reuniones de los miércoles dedicamos un tiempo a los chistes. A veces recibimos la visita de una oradora llamada «la dama de la risa». Tiene una risa muy contagiosa y hace reír a todo el mundo. No podemos tomarnos siempre tan en serio, y la risa es muy curativa. Te recomiendo que veas comedias divertidas cuando te sientas deprimido o bajo de ánimo.

Cuanto tenía mi consultorio particular solía hacer todo lo posible por conseguir que mis clientes se rieran de sus problemas. Cuando logramos ver nuestra vida como una obra de teatro que tiene un poco de telenovela, de comedia y de drama, conseguimos una mejor perspectiva y estamos en camino de curar. El humor nos hace capaces de elevarnos por encima de la experiencia y mirarla desde una perspectiva más amplia.

8. Cuidemos nuestro cuerpo

Considera tu cuerpo como una maravillosa casa en la que vives durante un tiempo. Amas y cuidas tu casa, ¿verdad? Así pues, vigila lo que metes dentro de tu cuerpo. El abuso del alcohol y otras drogas está muy extendido; son métodos de escape populares. Si te drogas, eso no quiere decir que seas una mala persona, sino que no has encontrado una forma más positiva de satisfacer tus necesidades.

Las drogas nos tientan: «Ven, juega conmigo y lo pasaremos muy bien». Es verdad. Pueden hacernos sentir maravillosamente. Sin embargo, nos alteran demasiado la realidad, y aunque al principio no se note, el precio es terrible al final. Después de ingerir drogas durante un tiempo, la salud se resiente tremendamente y la persona se siente mal.

Las drogas perjudican el sistema inmunitario, lo cual puede conducir a numerosos trastornos físicos. Además, después de un repetido uso, se desarrolla la adicción, y entonces uno se pregunta por qué comenzó a tomar drogas. La presión de los compañeros o amigos puede que te haya obligado al comienzo, pero el uso repetido y continuado es otra historia.

No he conocido nunca a una persona adicta a alguna droga que se ame a sí misma. Usamos el alcohol y otras drogas para escapar de la sensación de no valer nada, residuo de nuestra infancia, pero cuando el efecto se acaba nos sentimos peor que antes. Entonces, por lo general, nos invade la culpa. Es necesario que nos demos cuenta de que no hay peligro en tener los sentimientos que tenemos ni en reconocerlos. Los sentimientos pasan, no se quedan.

Otra forma de ocultar nuestro amor por nosotros mismos es atiborrarnos de comida. No podemos vivir sin comer porque el alimento da energía a nuestro cuerpo y le ayuda a crear nuevas células. Es posible que conozcamos bien los elementos de una buena nutrición, pero aun así utilizamos los alimentos para castigarnos y crearnos obesidad.

Estados Unidos se ha convertido en una nación de adictos a los platos preparados y envasados. Llevamos décadas alimentándonos a base de lo que yo llamo «La Gran Dieta Americana», atiborrándonos de alimentos procesados de todo tipo. Hemos permitido que los fabricantes influyan con sus anuncios en nuestros hábitos alimentarios. A los futuros médicos ni siquiera se les enseña nutrición en la facultad de medicina, a no ser que la escojan como asignatura optativa. La mayor parte de lo que actualmente consideramos medicina tradicional se centra en los fármacos y las operaciones quirúrgicas, de modo que si realmente queremos aprender algo de nutrición, deberemos hacerlo por nuestra cuenta. Tomar conciencia de lo que metemos en nuestra boca y de cómo nos hace sentir es un acto de amor hacia nosotros mismos.

Si una hora después de comer te sientes soñoliento, podrías preguntarte: «¿Qué comí?». Es posible que hayas comido algo que no le sentó bien a tu cuerpo en ese momento determinado. Comienza a prestar atención a lo que comes, qué alimentos te dan energía y cuáles te agotan y te bajan el ánimo. Esto se puede hacer probando y experimentando, o bien con la ayuda de un buen dietista que sepa responder a tus preguntas.

Recuerda que lo que le va bien a una persona no necesariamente le va bien a otra; nuestros cuerpos son diferentes. A muchas personas les va maravillosamente bien la dieta macrobiótica. Lo mismo sucede con el método de *La antidieta* de Harvey y Marilyn Diamond. Estas dos dietas se basan en conceptos totalmente diferentes y sin embargo ambas dan buenos resultados. Todo cuerpo es distinto de cualquier otro, de modo que no podemos decir que sólo un método funciona. Es necesario encontrar cuál es el que mejor le va a uno.

Busca alguna forma de hacer ejercicio que te guste, que te resulte agradable. Adopta una actitud mental positiva hacia el tipo de ejercicio que realizas. Muchas veces nos creamos obstáculos en el cuerpo principalmente como consecuencia de lo que asimilamos de otras personas. Aquí también, si quieres hacer cambios, es necesario que te perdones y dejes de introducir rabia y rencor en el cuerpo. La combinación de las afirmaciones con el ejercicio físico es una buena manera de reprogramar los conceptos negativos respecto al propio cuerpo.

Vivimos en una época en la cual se multiplican las nuevas tecnologías para beneficiar la salud. Estamos aprendiendo a combinar métodos de curación antiquísimos, como la medicina ayurvédica, con la tecnología de ondas acústicas. He estado estudiando cómo estimula el sonido nuestras ondas cerebrales y acelera el aprendizaje y la curación. Hay estudios que demuestran que podemos curar una enfermedad alterando mentalmente la estructura de nuestro ADN (ácido desoxirribonucleico). Yo creo que de aquí al final del siglo vamos a investigar una gama de posibilidades que serán de enorme utilidad para la mayor parte de la población.

9. Trabajemos con el espejo

Siempre insisto en la importancia del trabajo con el espejo para descubrir la causa de un problema que nos impide amarnos. Hay varias formas de llevar a la práctica este trabajo. A mí me gusta mirarme al espejo tan pronto como me levanto; es lo primero que hago por la mañana, y me digo: «Te amo. ¿Qué puedo hacer por ti hoy? ¿Cómo puedo hacerte feliz?». Escucha tu voz interior y actúa en consecuencia. Puede que al principio no oigas nada, porque estás tan acostumbrado a reprenderle que no sabes cómo responder con un pensamiento amable y cariñoso.

Si durante el día te sucede algo desagradable, ve al espejo y di: «Te amo de todas maneras». Los acontecimientos vienen y van, pero el amor que sientes por ti permanece, y es la cualidad más importante que posees. Si te sucede algo fantástico, ve al espejo y di: «Gracias». Agradécete a ti mismo la experiencia maravillosa que te has creado.

También puedes perdonar frente al espejo. Perdónate y perdona a los demás. Puedes hablar con otras personas mirándote en el espejo, sobre todo si temes hablar con ellas de determinadas cosas. Puedes limpiar y arreglar viejos asuntos pendientes con tus padres, jefes, médicos, hijos, amantes... Puedes decirles todas las cosas que no te atreves a decirles en persona; y acuérdate de finalizar la conversación pidiéndoles su amor y su aprobación, ya que eso es lo que verdaderamente necesitas.

Las personas que tienen problemas para amarse a sí mismas son casi siempre aquellas que no están dispuestas a perdonar, porque no perdonar cierra la puerta del amor. Cuando perdonamos y liberamos, no sólo nos quitamos de encima un enorme peso, sino que también abrimos la puerta hacia el amor a nosotros mismos. «¡Vaya peso que me he quitado de encima!», suele decir la gente. Bueno, pues, ciertamente era un gran peso y cargábamos con él desde hacía demasiado tiempo. El doctor John Harrison afirma que perdonarse a uno mismo y perdonar a los padres, en combinación con la liberación de pasadas heridas, cura más enfermedades de lo que jamás podrían curar los antibióticos.

Cuesta muchísimo que los hijos dejen de amar a sus padres, pero cuando lo hacen, les cuesta muchísimo más perdonarlos. Cuando no queremos perdonar, cuando no queremos liberar y olvidar, lo que hacemos es atarnos al pasado; si estamos atados al pasado no podemos vivir en el presente, y si no vivimos en el presente, ¿cómo podemos crearnos un glorioso futuro? La vieja basura del pasado sólo crea más basura para el futuro.

Las afirmaciones realizadas frente al espejo tienen una ventaja: aprendemos la verdad de nuestra existencia. Si haces una afirmación e inmediatamente recibes una respuesta negativa como «¿A quién quieres engañar? Eso no es cierto. Tú no te mereces eso», acabas de recibir un regalo que puedes utilizar. No podrás hacer los cambios que deseas hasta que estés dispuesto a ver qué es lo que te lo impide. La respuesta negativa que acabas de descubrir es como un regalo, pues se convierte en la llave para la libertad. Transforma esa respuesta negativa en una afirmación positiva como «Ahora me merezco todo lo bueno. Permito que mi vida se llene de buenas experiencias». Repite la nueva afirmación hasta que realmente se incorpore a tu vida.

También he visto que se operan enormes cambios en una familia cuando uno de sus miembros hace afirmaciones. Muchas personas de las que asisten a las reuniones de los miércoles provienen de familias distanciadas. Literalmente no se hablan con sus padres. Les he hecho repetir la afirmación: «Tengo una relación maravillosa con cada uno de mis familiares; nos comunicamos con cariño, comprensión y sinceridad, incluso con mi madre» (o quienquiera que sea la persona con quien tienen el problema). Les recomiendo que cada vez que esa persona o la familia les venga a la mente, vayan al espejo y digan la afirmación una y otra vez. Es asombroso ver cómo los padres acuden también a la reunión tres, seis o nueve meses después.

10. Amémonos ya, ahora mismo

No esperes a haber arreglado las cosas para amarte. La insatisfacción contigo mismo es una pauta habitual. Si logras sentirte satisfecho contigo mismo ahora, si puedes amarte y aprobarte ahora, entonces serás capaz de disfrutar de lo bueno cuando venga. Una vez que aprendas a amarte a ti mismo, comenzarás a amar y a aceptar a los demás.

No podemos cambiar a otras personas, de modo que dejémoslas en paz. Gastamos muchísima energía intentando hacer que los demás cambien. Si empleáramos la mitad de esa energía en nosotros mismos, podríamos llegar a actuar de otra manera, y entonces los demás reaccionarían también de modo diferente.

Uno no puede aprender en lugar de otra persona. Cada uno tiene que aprender su propia lección o enseñanza particular. Lo único que podemos hacer es aprender en nuestro propio nombre, y amarnos es el primer paso, con el fin de que el comportamiento destructivo de otra persona no nos destruya. Si mantienes una relación con una persona realmente negativa y que no desea cambiar, necesitas amarte lo suficiente para poder alejarte de ella.

Una mujer que asistía a una de mis charlas me contó que su marido era muy negativo y ella no deseaba que ejerciera una mala influencia en sus dos hijos pequeños. Le sugerí que comenzara a hacer afirmaciones diciendo que su marido era un hombre fabuloso y amable que ya estaba trabajando en sí mismo y expresando sus mejores cualidades. Le dije que afirmara lo le gustaría que sucediera y que cada vez que él se mostrara negativo, hiciera simplemente las afirmaciones en su mente. Pero que si la relación continuaba siendo negativa por muchas afirmaciones que ella hiciera, entonces eso ya sería una respuesta: sencillamente no iba a funcionar.

Debido a la creciente tasa de divorcios en los Estados Unidos, creo que la pregunta que muchas mujeres deben plantearse antes de tener hijos es: «¿Estoy verdaderamente dispuesta a mantener a mis hijos completamente sola?». Ya es costumbre generalizada ser madre o padre «a solas», y casi siempre es la mujer quien tiene la responsabilidad adicional de criar sola a sus hijos. Hubo una época en que los matrimonios eran para toda la vida, pero los tiempos han cambiado, de modo que es evidente que se ha de considerar esta situación.

Muy a menudo, demasiado tal vez, mantenemos indefinidamente una relación en la que hay malos tratos, y permitimos que se nos subvalore y desprecie. Lo que pensamos entonces es: «No soy una persona digna de amor, de modo que aguantaré y aceptaré este comportamiento porque seguro que me lo merezco, y además no creo que nadie pueda llegar a amarme».

Sé que esto parece demasiado simplista y que lo repito una y otra vez, pero es que de verdad creo que la forma más rápida de cambiar cualquier problema es amarnos tal como somos. Es asombroso la forma como las vibraciones que emitimos atraen hacia nosotros a personas que nos aman.

El objetivo que en mi opinión hemos venido a conseguir aquí es el amor incondicional, y para lograrlo debemos empezar por amarnos y aceptarnos a nosotros mismos.

No estamos aquí para contentar a otras personas o para vivir según sus directrices. Sólo podemos vivir a nuestra manera y caminar por nuestra propia senda. Hemos venido a realizarnos a nosotros mismos y a expresar el amor en su sentido más profundo. Tú estás aquí para aprender y crecer, y para asimilar y proyectar compasión y comprensión. Cuando abandones el planeta no te llevarás a tus amigos ni a tu pareja, ni tu coche, tu cuenta bancaria o tu trabajo. Lo único que te llevarás será tu capacidad de amar.

9

Amar al niño interior

Si no puedes intimar con otras personas, es porque no sabes cómo intimar con tu propio niño interior. El pequeño que hay dentro de ti está dolido y asustado. Ayuda y acompaña a tu niño.

Uno de los asuntos más importantes que necesitamos comenzar a abordar es la curación del olvidado niño interior. Muchos de nosotros nos hemos pasado demasiado tiempo sin hacer caso de nuestro propio niño interior.

Tengas la edad que tengas, hay en tu interior un pequeño que necesita amor y aceptación. Si eres una mujer, por muy independiente que seas, tienes en tu interior a una niña muy vulnerable que necesita ayuda; si eres un hombre, por muy maduro que seas, llevas de todas formas un niño dentro que tiene hambre de calor y afecto.

Cada edad que has vivido está dentro de ti, dentro de tu conciencia y de tu memoria. Cuando éramos niños y las cosas iban mal, solíamos pensar que algo no funcionaba bien en nosotros, que teníamos algo malo dentro. Los niños piensan que si pudieran hacer las cosas bien, sus padres (o quien sea) les amarían y no les castigarían ni les pegarían.

Así pues, siempre que el niño o la niña desea algo y no lo obtiene, piensa: «No valgo lo suficiente. Soy anormal, un retrasado». Entonces, cuando nos hacemos mayores rechazamos ciertas partes de nosotros mismos.

A estas alturas de nuestra vida, ahora mismo, es necesario que empecemos a hacernos íntegros y a aceptar cada parte nuestra: la que hacía el tonto, la que se divertía, la que se asustaba, la que era estúpida y boba, la que llevaba la cara sucia. Todas y cada una de nuestras partes.

Creo que por lo general nos desconectamos, nos cerramos, alrededor de los cinco años. Tomamos esa decisión porque pensamos que algo no funciona bien en nosotros y ya no queremos tener nada que ver con ese niño o niña que somos.

También llevamos a nuestros padres dentro. Tenemos en nuestro interior al niño y a sus padres. La mayor parte del tiempo el padre (o la madre) reprende al niño, casi sin parar. Si prestas atención a tu diálogo interno, podrás oír el sermón. Podrás escuchar cómo papá o mamá le dice al niño que está haciendo algo mal o que no sirve para nada.

Lógicamente, entonces comenzamos una guerra con nosotros mismos; empezamos a criticarnos de la misma forma en que éramos criticados: «Eres un estúpido», «No sirves para nada», «Otra vez la has fastidiado». Se convierte en costumbre. Cuando nos hacemos adultos, la mayoría de nosotros no hacemos el menor caso de nuestro niño interior, o lo criticamos igual como nos criticaban. Continuamos con la pauta una y otra vez.

John Bradshaw, autor de varios libros maravillosos sobre cómo sanar al niño interior, dijo una vez que cuando llegamos a adultos llevamos dentro 25.000 horas de cintas grabadas con la voz de nuestros padres. ¿Cuántas horas de esas cintas crees que te dicen que eres un ser maravilloso? ¿Cuántas te dicen que te aman y que eres inteligente y brillante? ¿O que eres capaz de ser lo que desees ser y que cuando seas mayor serás una gran persona? En realidad, ¿cuántas horas de esas cintas te dicen «No, no, no» en todas sus formas?

No es nada extraño que nos pasemos la vida diciéndonos «no» y «debería». Lo que hacemos no es otra cosa que imitar a esas viejas cintas. Sin embargo, son sólo cintas, no la realidad de nuestro ser. No son la verdad de nuestra existencia. Son sólo grabaciones que uno lleva dentro, y se pueden muy bien borrar o volver a grabar.

Cada vez que digas que estás asustado, comprende que es tu niño interior el que está asustado. El adulto en realidad no tiene miedo; sin embargo, el adulto no está ahí para confortar al niño. El adulto y el niño necesitan entablar amistad, hablar el uno con el otro de todo lo que haces. Sé que puede parecer tonto, pero da resultado. Haz saber a tu niño que pase lo que pase nunca le vas a volver la espalda ni a abandonarle. Siempre estarás allí para acompañarle y amarle.

Si cuando eras pequeño tuviste una mala experiencia con un perro, por ejemplo, digamos que te asustó o incluso que te mordió, tu niño interior tendrá miedo de los perros, aunque tú seas un adulto grande y corpulento. Es posible que veas a un perro pequeño en la calle y que tu niño interior reaccione aterrado: «¡Un perro! Me va a hacer daño». Ésta es una fantástica oportunidad para que tu padre interior le diga al niño: «No pasa nada. Ahora soy adulto. Yo cuidaré de ti. No dejaré que el perro te haga daño. Ya no tienes por qué tener miedo». De esta forma comenzarás a hacer de padre con tu niño.

La curación de las viejas heridas

He descubierto que el trabajo con el niño interior es sumamente útil para curar las heridas del pasado. No siempre conectamos con los sentimientos del asustado pequeño que llevamos dentro. Si en tu infancia sentiste mucho miedo y angustia, y ahora te castigas mentalmente, continúas tratando a tu niño interior de la misma forma. Sin embargo, él no tiene ningún otro sitio adonde ir. Es necesario que superes las limitaciones de tus padres. Necesitas comunicarte con el pequeño, que se siente perdido. Tu niño interior necesita saber que tú lo amas.

Tómate un momento ahora mismo y dile que te interesas por él: «Te quiero. Me importas. De verdad te quiero». Tal vez le has estado diciendo esto a la persona adulta que llevas dentro. De modo que empieza a decírselo también a tu niño. Imagínate que le coges la mano y ambos vais a todas partes juntos durante unos días. Verás las felices y alegres experiencias que podéis tener.

Necesitas comunicarte con esa parte de ti mismo. ¿Qué mensajes deseas escuchar? Siéntate en silencio, cierra los ojos y habla con tu niño interior. Si te has pasado 62 años sin hablar con él, es posible que tengas que insistir unas cuantas veces para que el niño realmente crea que quieres hablarle. Insiste: «Deseo hablar contigo. Deseo verte. Deseo amarte». Finalmente lograrás la comunicación. Es posible que veas al niño dentro de ti, que lo sientas, que lo escuches.

La primera vez que hables con tu niño interior puedes comenzar por pedirle disculpas. Dile que lamentas no haber hablado con él o haberle reprendido durante todos estos años. Dile que deseas compensar todo el tiempo que habéis estado separados. Pregúntale qué puedes hacer para hacerle feliz, y de qué tiene miedo. Pregúntale qué desea él de ti.

Empieza con preguntas sencillas; obtendrás respuestas. «¿Qué puedo hacer para hacerte feliz? ¿Qué te gustaría que hiciéramos hoy?» Por ejemplo, le puedes decir: «Me gustaría salir a caminar, ¿qué deseas tú?». El niño puede contestar: «Ir a la playa». Así habrá comenzado la comunicación. Persevera. Si te puedes tomar unos instantes cada día para comunicarte con el pequeño que llevas en tu interior, la vida te va a resultar muchísimo mejor.

Cómo comunicarse con el niño interior

Puede que algunos de vosotros ya estéis trabajando con vuestro niño interior. Hay muchos libros y se organizan muchos talleres y conferencias sobre este tema. Al final del libro encontraréis una lista de títulos para estudios más avanzados.

John Pollard III ha escrito un libro excelente, Self-Parenting [Ser tu propio padre], con muchos ejercicios y actividades maravillosos que se pueden realizar con el propio niño interior; te recomiendo que lo leas. Como he dicho anteriormente, hay muchísima ayuda en este aspecto. No estás solo y desamparado, pero necesitas pedir ayuda para obtenerla.

Otra sugerencia que te hago es que busques una fotografía tuya de cuando eras niño. Mira la foto. ¿Ves a un niño desgraciado? ¿Ves a un niño feliz? Veas lo que veas, comunícate con él. Si ves a un niño asustado, haz algo para tranquilizarlo. Busca varias fotos de tu infancia y habla con el niño de cada foto.

Es muy útil hablar con el propio niño interior frente al espejo. Si tenías un sobrenombre cuando eras niño, utilízalo. Ten pañuelos a mano. Te sugiero que te sientes frente al espejo, porque si te quedas de pie saldrás corriendo por la puerta. Es mejor que te sientes con una caja de pañuelos y empieces a hablar.

Otro ejercicio que puedes hacer es comunicarte con él mediante la escritura. Aflorará también muchísima información. Usa dos bolígrafos o rotuladores de colores distintos. Con uno de ellos en la mano dominante escribe una pregunta. Con el otro en tu otra mano haz que el niño escriba la respuesta. Es un ejercicio fascinante. Cuando escribe la pregunta el adulto cree que conoce la respuesta, pero cuando coge el bolígrafo con la mano no dominante, la respuesta suele resultar distinta a la esperada.

También podéis dibujar juntos. A muchas personas probablemente les encantaba dibujar y pintar en su infancia, hasta que les dijeron que debían ser limpias y ordenadas y no dibujar o pintar fuera de los márgenes. De modo que empieza a dibujar nuevamente. Utiliza tu mano no dominante para dibujar una imagen de algún acontecimiento que acaba de suceder. Observa cómo te sientes. Hazle una pregunta a tu niño interior, déjalo que dibuje con tu mano no dominante, y ve qué dibuja.

Si te es posible, reúnete con un pequeño grupo de amigos, o con un grupo de apoyo, para trabajar juntos con estas ideas. Por ejemplo, podéis hacer que vuestros niños dibujen y después sentaros alrededor y analizar atentamente el significado de los dibujos. La información que se obtiene de este modo puede ser increíblemente reveladora.

Juega con tu niño interior. Haz cosas que le gusten a tu niño. ¿Qué te gustaba de verdad hacer cuando eras pequeño? ¿Cuándo fue la última vez que lo hiciste? Con demasiada frecuencia el padre o la madre que llevamos dentro nos impide divertirnos porque no es cosa de adultos. Así pues, tómate el tiempo necesario y diviértete. Haz las cosas tontas que hacías cuando eras niño, como saltar sobre montones de hojas o pasar corriendo bajo el chorro de agua de la manguera. Observa a los niños cuando juegan. Te traerá recuerdos de los juegos que jugabas.

Si deseas más diversión en tu vida, comunícate con tu niño interior y actúa desde ese espacio de espontaneidad y alegría. Verás cómo comienzas a divertirte más, te lo prometo.

¿Fuiste bienvenido cuando naciste? ¿Estaban realmente contentos tus padres de que nacieras? ¿Se mostraron encantados con tu sexo, o deseaban un bebé del sexo opuesto? ¿Te sentiste «deseado»? ¿Se celebró tu llegada? Cualesquiera sean las respuestas, date la bienvenida ahora. Haz una celebración. Dite a ti mismo todas las cosas maravillosas que le dirías a un bebé que llega a su nueva vida.

¿Qué es lo que siempre deseaste que tus padres te dijeran cuando eras pequeño? ¿Qué es lo que siempre quisiste oír y que nunca te dijeron? Muy bien, dite precisamente eso a tu niño. Díselo cada día durante un mes mientras te miras en el espejo. Observa lo que sucede.

Si tus padres eran alcohólicos o te maltrataron de pequeño, puedes meditar y visualizarlos como a personas sobrias y cariñosas. Date a tu niño lo que desea. Probablemente ha estado privado de ello durante demasiado tiempo. Empieza a visualizar el tipo de vida que te gustaría llevar con tu niño interior. Cuando él se sienta seguro y feliz, podrá confiar en ti. Pregúntale: «¿Qué tengo que hacer para que confíes en mí?». Lo repito, te quedarás sorprendido ante algunas respuestas.

Si tus padres no te demostraban cariño en absoluto, y te resulta francamente difícil relacionarte con ellos, busca una imagen de lo que te parece que serían una madre y un padre amantes. Coloca las fotos de esos padres cerca de tu foto de cuando eras niño. Crea nuevas imágenes. «Re-escribe» tu infancia si es necesario.

Las creencias que aprendiste cuando eras pequeño aún las tiene tu niño interior. Si tus padres tenían ideas rígidas y tú eres duro contigo mismo y propenso a construir muros a tu alrededor, probablemente tu niño interior continúa conformándose a las normas de tus padres. Si sigues reprendiéndote por cada error, debe de ser bastante terrible para tu niño interior despertar cada mañana. «¿A causa de qué me va a chillar y regañar hoy?»

Lo que nos hicieron nuestros padres en el pasado es un asunto de su conciencia. Ahora somos nosotros los padres. Nosotros usamos nuestra conciencia. Si continúas negándote a cuidar de tu niño interior, es que estás estancado en un rencor justiciero. Esto invariablemente significa que aún te queda alguien por perdonar. Así pues, ¿de qué no te has perdonado? ¿Qué necesitas dejar marchar? Bueno, sea lo que sea, deja que se vaya.

Si no prestamos atención a nuestro niño ahora, y no lo elogiamos, no es culpa de nuestros padres. Ellos hicieron lo que creían que era lo correcto en ese tiempo y ese lugar. Pero ahora, en el momento presente, sabemos lo que podemos hacer para nutrir y criar a nuestro niño interior.

Las personas que han tenido o tienen un animal doméstico saben lo que es llegar a casa y que salga a recibirte a la puerta. No le importa la ropa que lleves, ni si eres viejo y tienes arrugas, ni cuánto dinero has ganado ese día. Al animal sólo le importa que estás allí. Su amor es incondicional. Haz eso contigo mismo. Emociónate por estar vivo y por estar aquí. Eres la única persona con quien vas a vivir siempre. Mientras no estés dispuesto a amar a tu niño interior, a los demás les resultará difícil amarte a ti. Acéptate sin condiciones y de toda corazón.

Me parece que es muy bueno inventar una meditación para hacer que el niño interior se sienta a salvo. Como yo fui una niña que sufrió incesto, he inventado una maravillosa imagen para mi pequeña.

En primer lugar, tiene una hada madrina idéntica a la Billie Burke de *El mago de Oz,* porque eso es lo que a ella le gusta. Sé que cuando yo no estoy con ella, está con su hada madrina y está siempre segura. Vive en un ático muy alto y tiene un portero y dos perros grandes, de modo que sabe que jamás nadie le volverá a hacer daño. Cuando logro hacer que se sienta absolutamente segura, entonces yo, como adulta, puedo ayudarle a liberar y olvidar las experiencias dolorosas.

No hace mucho me descentré y estuve llorando durante dos horas. Comprendí que mi niña interior se sentía de pronto dolida y desprotegida. Tuve que decirle que ella no era mala ni había hecho nada mal, sino que era su reacción a algo que había sucedido. De modo que tan pronto como pude hice algunas afirmaciones y medité, sabiendo que allí había un Poder mucho mayor que me apoyaría y me amaría. Después de eso la pequeña ya no se sintió tan sola y asustada.

Además yo tengo una enorme fe en los ositos de felpa. Con mucha frecuencia el osito es nuestro primer amigo. Es nuestro confidente, puesto que uno le puede contar todos sus problemas y secretos y jamás se chiva. Siempre está allí para hacernos compañía. Saca del armario tu osito y haz que tu niño lo coja una vez más.

Sería maravilloso que en los hospitales hubiera ositos en todas las habitaciones para que cuando el niño interior se sienta solo y asustado a media noche, pueda abrazarse a su osito.

Tus muchas partes

Las relaciones son fabulosas, los matrimonios son maravillosos, pero la realidad es que son temporales. En cambio tu relación contigo mismo es eterna. Dura para siempre. Ama a la familia que llevas dentro: el niño o la niña, el padre o la madre, y la adolescente y el joven que hay en medio.

Recuerda que también llevas a tu adolescente en tu interior. Dale la bienvenida. Trabaja con él de la misma forma que lo haces con el niño. ¿Qué dificultades tuviste en tu adolescencia? Hazle preguntas a tu adolescente igual como se las haces a tu niño. Ayúdale a pasar por las amedrentadoras situaciones y los momentos de aprensión de la pubertad. «Corrige» esa época. Aprende a amar a tu adolescente igual como aprendes a amar a tu niño.

No podemos amarnos y aceptarnos los unos a los otros mientras no amemos y aceptemos a ese niño interior que se siente perdido. ¿Qué edad tiene ese niño? ¿Tres, cuatro, cinco años? Generalmente tiene menos de cinco años, porque es entonces cuando se cierra y se desconecta por la necesidad de sobrevivir.

Coge a tu niño de la mano y ámalo. Crea una vida maravillosa para ti y tu niño. Di: «Estoy dispuesto a aprender a amar a mi niño. Estoy dispuesto». El Universo contestará. Encontrará la forma de curar a tu niño y también de curarte a ti. Si deseamos sanar, tenemos que estar dispuestos a experimentar nuestros sentimientos y a pasar a través de ellos hacia el otro lado y conseguir así la curación. Recuerda, nuestro Poder Superior está siempre disponible para apoyarnos y alentar nuestros esfuerzos.

Fuera como fuese tu primera infancia, buena o mala, tú y únicamente tú estás ahora a cargo de tu vida. Te puedes pasar toda la vida culpando a tus padres y al entorno, pero lo único que conseguirás con eso es mantenerte estancado en hábitos de víctima. Jamás te servirá para conseguir el bien que dices desear.

El amor es la mejor goma de borrar que conozco. El amor borra hasta los recuerdos más dolorosos y profundos, porque penetra más al fondo que ninguna otra cosa. Si tus imágenes mentales del pasado son muy fuertes y te pasas la vida afirmando «Todo es culpa de ellos», te quedarás estancado. ¿Deseas una vida de dolor o una vida de alegría? La elección y el poder están siempre dentro de ti. Mírate a los ojos, y ámate y ama a tu niño interior.

10

Hacerse adulto y envejecer

Sé tan comprensivo con tus padres como
deseas que ellos lo sean contigo.

La comunicación con nuestros padres

Mis años de adolescente fueron los más difíciles de mi época de crecimiento. Tenía muchos interrogantes, pero no quería escuchar a aquellos que creían tener todas las respuestas, en especial los adultos. Deseaba aprenderlo todo yo sola porque no confiaba en la información que me daban los adultos.

Sentía una especial animosidad contra mis padres, porque fui una hija maltratada. Me era imposible comprender cómo mi padrastro podía abusar de mí de aquella forma, y tampoco comprendía cómo mi madre podía tolerarlo y hacer como que no se daba cuenta. Me sentía engañada e incomprendida, y estaba segura de que concretamente mi familia y en general el mundo estaban contra mí.

A lo largo de los muchos años que he pasado asesorando a mis clientes, sobre todo a gente joven, he descubierto que hay muchas personas que comparten esos mismos sentimientos hacia sus padres. He escuchado decir a los adolescentes, para describir sus sentimientos, que se sienten atrapados, sojuzgados, vigilados e incomprendidos.

Ciertamente sería fabuloso tener unos padres comprensivos, atentos y adaptables a todas las situaciones, pero en la mayoría de los casos eso no es posible. Aunque nuestros padres no sean más que seres humanos como el resto de nosotros, muchas veces los consideramos injustos, exagerados, poco razonables, incapaces de comprendernos.

Un chico joven al que asesoré tenía muchas dificultades para relacionarse con su padre. Encontraba que no tenían nada en común, y que cuando su padre le hablaba sólo era para hacerle algún comentario despectivo o negativo. Le pregunté si sabía cómo había tratado a su padre su abuelo. Admitió que no lo sabía; su abuelo había muerto antes de que él naciera.

Le sugerí que le preguntara a su padre acerca de su infancia y de la manera en que ésta había influido en él. Al principio el joven no se decidía a intentarlo; le resultaba violento hablar con su padre porque pensaba que éste lo ridiculizaría o lo juzgaría. Sin embargo, se decidió a dar el salto y accedió a abordar a su padre.

La próxima vez que lo vi, el chico parecía más tranquilo.

—¡Uy, Dios! —exclamó—. No tenía la menor idea de la infancia que tuvo mi padre.

Por lo visto su abuelo había impuesto la norma de que

todos sus hijos le trataran de «señor» al dirigirse a él, y todos vivían bajo el antiguo sistema de que los niños han de ser vistos pero no oídos. Si osaban pronunciar una palabra para llevar la contraria, se les castigaba severamente. No era nada extraño que su padre fuera tan crítico.

Cuando nos hacemos mayores, tenemos la intención de tratar a nuestros hijos de manera diferente a como fuimos tratados nosotros, pero aprendemos del mundo que nos rodea, y tarde o temprano comenzamos a actuar y hablar exactamente como nuestros padres.

En el caso de este joven, su padre le infligía el mismo tipo de malos tratos verbales que él había recibido de su propio padre. Puede ser que no tuviera la intención de hacerlo; sencillamente actuaba de forma coherente con su propia educación.

De todas formas, el chico llegó a entender algo más sobre su padre, y como consecuencia fueron capaces de comunicarse con mayor libertad. Aunque les llevaría mucho esfuerzo y paciencia por parte de los dos alcanzar un grado de comunicación ideal, por lo menos ambos estaban avanzando en una nueva dirección.

Yo creo firmemente que es muy importante que nos tomemos el tiempo necesario para averiguar y saber más acerca de la infancia de cada uno de nuestros padres. Si aún viven, puedes preguntarles: «¿Cómo eran las cosas en tu infancia? ¿Cómo se expresaban el amor y el cariño en tu familia? ¿Cómo te castigaban tus padres? ¿Qué tipo de presiones tenías que afrontar de parte de tus compañeros en esa época? ¿Les gustaban a tus padres tus amigos? ¿Hacías algún trabajo cuando eras niño o adolescente?

Al enterarnos más de la vida de nuestros padres, podemos ver las pautas que conformaron su manera de ser, y ver al mismo tiempo por qué nos tratan de la forma en que lo hacen. A medida que aprendamos a entender a nuestros padres y a simpatizar con ellos, los iremos viendo bajo una nueva luz, más amorosa. Tal vez puedas abrir puertas hacia una relación más comunicativa y afectuosa, una relación de mutuo respeto y confianza.

Si te resulta difícil incluso hablar con tus padres, comienza haciéndolo en tu mente o frente al espejo. Imagínate diciéndoles: «Hay una cosa que deseo deciros». Repite este proceso durante varios días seguidos: te ayudará a decidir qué deseas decir y cómo lo dirás.

O bien, medita: habla en tu mente con cada uno de tus padres y aclara y limpia viejos asuntos. Perdónales y perdónate. Diles que les amas. Después, prepárate para decirles lo mismo en persona.

En uno de mis grupos, un joven me contó que sentía muchísima rabia y que no confiaba en los demás. Esta pauta de desconfianza la repetía una y otra vez en todas sus relaciones. Cuando llegamos a la raíz del problema, me dijo que se sentía muy fastidiado con su padre porque no era la persona que él deseaba que fuera.

Aunque vayamos por una senda espiritual, no depende de nosotros que los demás cambien. En primer lugar necesitamos liberar todos los sentimientos reprimidos que acumulamos contra nuestros padres, y luego necesitamos perdonarles por no ser las personas que deseábamos que fueran. Siempre queremos que los demás sean como nosotros, piensen como nosotros, vistan como nosotros y hagan lo mismo que hacemos nosotros. Sin embargo, no hay duda de que todos somos diferentes.

Para poder tener la libertad de ser nosotros mismos, es preciso que demos esa misma libertad a los demás. Obligando a nuestros padres a ser lo que no son, bloqueamos nuestro propio amor. Juzgamos a nuestros padres de la misma forma en que ellos lo hicieron con nosotros. Si deseamos comunicarnos verdaderamente con ellos, es necesario que erradiquemos nuestros propios prejuicios sobre su forma de ser.

Muchas personas ya adultas continúan con el juego de la lucha por el poder con sus padres. Los padres pulsan muchísimos botones, de modo que si deseas dejar de jugar a este juego, simplemente vas a tener que evitar tomar parte en él. Ya es hora de crecer y decidir lo que deseas hacer. Puedes comenzar por tutearlos, si no lo haces, o por llamarlos por su nombre. Seguir llamándoles papá y mamá cuando ya tienes cuarenta años te mantiene estancado en tu papel de hijo pequeño. En lugar de continuar siendo padre/madre e hijo/hija, empezad a trataros como dos adultos.

Otra sugerencia es escribir un tratamiento afirmativo que detalle el tipo de relación que deseas tener con tu madre y/o con tu padre. Comienza por hacer las afirmaciones para ti mismo. Después de un tiempo puedes decírselo a él o a ella cara a cara. Si tu padre o tu madre continúan pulsando los botones, no permitas que sepan cómo te sientes realmente. Tienes el derecho de llevar la vida que desees. Tienes el derecho de ser adulto. Sé que esto puede no ser fácil. Primero decide qué es lo que necesitas y después dile a tu madre o a tu padre de qué se trata. No les hagas sentirse mal o equivocados. Pregúntales: «¿Qué podemos hacer para solucionar esto?».

Recuerda que con la comprensión viene el perdón, y con el perdón viene el amor. Cuando hayamos progresado hasta el punto de poder amar y perdonar a nuestros padres, estaremos bien encaminados para ser capaces de disfrutar de relaciones plenas y satisfactorias con todas las personas que forman parte de nuestra vida.

El adolescente necesita autoestima

Es alarmante la forma como aumenta la tasa de suicidios entre los adolescentes. Al parecer hay cada vez más jóvenes que se sienten abrumados por las responsabilidades y que prefieren renunciar más bien que perseverar y experimentar la multitud de experiencias que les ofrece la vida. La mayor parte del problema reside en la manera en que nosotros, como adultos, esperamos que reaccionen ante las situaciones de la vida. ¿Quieren ellos realmente reaccionar de la forma en que lo haríamos nosotros? ¿Les estamos bombardeando con negatividad?

El período comprendido entre los 10 y los 15 años suele ser una etapa muy crítica. A esa edad, los jóvenes tienen la tendencia a adaptarse y harán cualquier cosa con tal de ser aceptados por sus compañeros. En su necesidad de aceptación suelen ocultar sus verdaderos sentimientos, por temor a no ser aceptados y amados tal como son.

La tensión y el agobio social y por parte de mis compañeros que yo sufrí de joven no fueron gran cosa comparados con lo que actualmente han de soportar los jóvenes, y sin embargo, debido a los malos tratos físicos y psíquicos, a los 15 años abandoné colegio y hogar para vivir sola. Piensa en lo terrible que ha de ser para el adolescente actual tener que vérselas con el abuso de drogas, los malos tratos físicos, las enfermedades de transmisión sexual, la presión de compañeros y pandillas, los problemas familiares; a esto añadamos, a nivel mundial, la guerra nuclear, los trastornos ambientales, la delincuencia y muchísimo más.

Como padre, puedes analizar con tus hijos adolescentes la diferencia que hay entre las presiones negativas y las positivas por parte de sus compañeros. Estamos sujetos a estas presiones desde el momento en que nacemos hasta que abandonamos el planeta. Debemos aprender a enfrentarnos a ellas y a no permitir que nos dominen y controlen.

De igual forma es importante que averigüemos y comprendamos por qué nuestros hijos son tímidos o traviesos, por qué están tristes, por qué les cuesta aprender en el colegio, por qué son destructivos, etcétera. Los adolescentes han recibido una fuerte influencia de la forma de pensar y las pautas para demostrar los sentimientos establecidos en su hogar, y día a día toman decisiones y hacen opciones basadas en ese sistema de creencias. Si el ambiente del hogar no ofrece confianza y amor, el adolescente buscará la confianza y el amor en otro sitio. Muchas pandillas ofrecen el ambiente adecuado para que se sienta seguro. Allí crean lazos familiares, por muy perjudiciales que sean para ellos.

Sinceramente creo que muchas de estas penurias podrían evitarse si sólo consiguiéramos que los jóvenes se plantearan una importante pregunta antes de actuar: «¿Me hará esto sentirme más a gusto y mejor conmigo mismo?». Podemos ayudar a nuestros adolescentes a considerar sus opciones en cada situación. La elección y la responsabilidad les devuelven el poder. Los capacitan para hacer algo sin sentirse víctimas del sistema.

Si podemos enseñar a nuestros hijos que no son víctimas y que tienen la posibilidad de cambiar sus experiencias aceptando la responsabilidad de su propia vida, empezaremos a ver progresos importantes.

Es esencial mantener abiertas las líneas de comunicación con los hijos, sobre todo cuando son adolescentes. Lo que suele suceder cuando los hijos comienzan a hablar de lo que les gusta y lo que no les gusta es que se les dice una y otra vez: «No digas eso. No hagas eso. No sientas eso. No seas así. No te expreses de este modo. No, No, No...». Finalmente los hijos dejan de comunicarse y a veces se van de casa. Si quieres verte rodeado por tus hijos cuando sean mayores, mantén abiertas las líneas de comunicación ahora que son jóvenes.

Celebra esas características únicas de tu hijo o tu hija. Permite a tus hijos adolescentes que se expresan a su manera, a su estilo, aunque a ti te parezca que es una manía o una moda. No les hagas sentirse mal ni los desanimes. Quién sabe la cantidad y cantidad de modas y manías por las que he pasado en mi vida, y lo mismo te sucederá a ti y les sucederá a tus hijos.

Nuestros hijos aprenden de nuestros actos

Nuestros hijos jamás hacen lo que les decimos que hagan; hacen lo que nosotros hacemos. No podemos decirles «No fumes» o «No bebas» o «No tomes drogas» si nosotros lo hacemos. Hemos de servirles de ejemplo y llevar el tipo de vida que deseamos que ellos lleven. Cuando los padres están dispuestos a amarse a sí mismos, es asombroso ver la armonía que se consigue en la familia. Los hijos responden con un nuevo sentido de autoestima y comienzan a valorarse y a respetarse.

Un ejercicio para la autoestima que podéis realizar tú y tus hijos juntos es hacer una lista de algunos de los objetivos que deseáis alcanzar. Pídeles a tus hijos que escriban cómo se ven a sí mismos dentro de diez años, dentro de un año, dentro de tres meses. ¿Qué tipo de vida desean tener? ¿Qué tipo de amigos les sería más beneficioso? Haz que enumeren sus objetivos, cada objetivo acompañado de una breve explicación y una sugerencia sobre cómo pueden hacer realidad sus sueños. Haz tú lo mismo.

Todos podríais guardar vuestras listas a mano para recordaros los objetivos. Pasados tres meses, repasad juntos las listas. ¿Han cambiado los objetivos? No permitas a tus hijos que se autocastiguen por no haber llegado hasta donde deseaban. Siempre pueden modificar su lista. Lo más importante es proporcionar a los jóvenes algo positivo que esperar con ilusión.

Separación y divorcio

En caso de separación y/o divorcio en la familia, es muy importante que los padres sean positivos y amables. Es una situación muy tensa para un niño que uno de los padres le diga que el otro no es bueno o no vale nada.

Como madre o padre, ámate cuanto te sea posible mientras tienes experiencia que te provocan temor y rabia, porque el niño se contagiará de tus sentimientos. Si estás pasando por un período de confusión, trastorno y dolor, el niño lo captará. Explícales a tus hijos que «tus cosas» no tienen nada que ver con ellos ni con lo que ellos valen.

No permitas que se hagan la idea de que cualquier cosa que pasa es por su culpa, porque eso es lo que suelen creer muchos niños. Hazles saber que les amas muchísimo y que siempre estarás allí para ellos.

Te sugiero que trabajes con el espejo cada mañana en relación con tus hijos. Haz afirmaciones diciendo que pasarán con toda facilidad y sin mayor esfuerzo por los tiempos difíciles de modo que todo el mundo estará bien. Libera tus experiencias dolorosas con amor y haz afirmaciones de felicidad para todas las personas implicadas.

Existe un grupo maravilloso llamado Agrupación del Estado de California para la Promoción de la Autoestima y la Responsabilidad Personal y Social. Fue fundado por John Vasconcellos en 1987. Entre sus miembros se cuentan Jack Canfield y el doctor Emmett Miller. Yo apoyo sus trabajos de investigación y sus intentos de apelar al gobierno para que cree programas de autoestima en las escuelas. Otros estados se han sumado a la petición de incluir la asignatura de autoestima en las aulas.

Creo que estamos en la antesala de importantísimos cambios en nuestra sociedad, sobre todo en relación con la comprensión de nuestra propia valía. Si los profesores, en particular, logran colocar en el buen camino su propio sentido de valía personal, ayudarán enormemente a nuestros hijos. Los niños reflejan las presiones sociales y económicas con que nos enfrentamos. Cualquier programa relativo a la autoestima tendrá que abarcar a alumnos, padres y profesores, como también a las empresas y organizaciones.

Envejecer con gracia

Son muchas las personas que temen envejecer y sobre todo parecer viejas. Hacemos de la vejez algo tan terrible y poco atractivo... No obstante, es un proceso natural y normal de la vida. Si no podemos aceptar a nuestro niño interior y sentirnos a gusto con lo que fuimos y con lo que somos, ¿cómo podemos aceptar la etapa siguiente?

Si no te haces viejo, ¿qué otra alternativa tienes? Abandonar el planeta. En nuestra cultura hemos creado lo que yo llamo «el culto a la juventud». Está muy bien y es bueno amarnos cuando somos jóvenes, pero ¿por qué no podemos amarnos cuando nos hacemos mayores? Al final habremos pasado por todas las edades de la vida.

Muchas mujeres se sienten invadidas por la angustia y el temor cuando piensan en la vejez. La comunidad gay también afronta muchos problemas que tienen que ver con la juventud, la apariencia y la pérdida de la belleza. Hacerse viejo significa tener arrugas, canas, la piel floja... y, sí, yo deseo hacerme vieja. Eso forma parte del hecho de estar aquí. Estamos en este planeta para experimentar todas las partes de la vida.

Yo entiendo que no queramos ser viejos y estar enfermos, de modo que separemos esas dos ideas. No nos imaginemos ni nos veamos poniéndonos enfermos como medio para morir. Personalmente, yo no creo que hayamos de morir necesariamente de enfermedad.

Creo, en cambio, que cuando llega nuestra hora de partir, cuando hemos realizado lo que vinimos a hacer aquí, podemos echar una cabezadita o irnos a la cama por la noche, y partir tranquila y pacíficamente. No es necesario enfermar mortalmente. No tenemos por qué estar conectados a máquinas. No tenemos por qué estar echados sufriendo en un sanatorio para poder abandonar el planeta. Actualmente hay muchísima información disponible sobre cómo mantenernos sanos. No lo aplaces, hazlo ahora mismo. Tenemos que sentirnos maravillosamente cuando seamos viejos, para así poder seguir experimentando nuevas aventuras.

Tiempo atrás leí algo que despertó mi curiosidad. Era un artículo sobre una facultad de medicina de San Francisco donde habían descubierto que nuestra forma de envejecer no está determinada por los genes, sino por algo que ellos llaman «el momento señalado para envejecer», un reloj de tiempo biológico que existe en nuestra mente. De hecho, este mecanismo controla cuándo y cómo empezamos a envejecer. El momento señalado, o reloj del envejecimiento, está regulado en gran parte por un factor importantísimo: nuestra actitud hacia el hecho de hacerse viejo.

Por ejemplo, si crees que tener 35 años es ser de mediana edad, esa creencia pondrá en marcha cambios biológicos en tu cuerpo que harán que el proceso de envejecimiento se acelere cuando llegues a los 35 años. ¡Fascinante!, ¿verdad? En algún sitio y de alguna manera, nosotros decidimos qué es edad madura y qué es vejez. ¿Dónde pones tú el «momento señalado» en tu interior? Tengo en mi mente la imagen de que voy a vivir hasta los 96 años y que continuaré activa, de modo que es muy importante que me mantenga sana.

Recuerda también que lo que damos recibimos de vuelta. Sé consciente de cómo tratas a las personas mayores puesto que cuando seas viejo esa será la forma en que te tratarán. Si tienes ciertos conceptos acerca de la gente mayor, te lo repito, te estás formando ideas a las que responderá tu subconsciente. Nuestras creencias, nuestros pensamientos y conceptos sobre la vida y sobre nosotros mismos siempre se convierten en realidad.

Yo creo que uno escoge a sus padres antes de nacer con el fin de aprender valiosas enseñanzas. Nuestro Yo Superior sabe qué experiencias necesitamos para avanzar en nuestra senda espiritual. De modo que sea el que fuere el trabajo que viniste a realizar con tus padres, continúa haciéndolo. Sea lo que fuere lo que ellos digan o hagan, o lo que hayan dicho o hecho, en último término tú estás aquí para amarte a ti mismo.

Como padre o madre, permite a tus hijos que se amen
a sí mismos, proporcionándoles el espacio en que se sientan seguros para expresarse de forma positiva e inofensiva.
Recuerda también que así como nosotros elegimos a nuestros padres, nuestros hijos nos han elegido a nosotros.
Todos tenemos importantes lecciones que aprender.

A los padres que se aman a sí mismos les resulta más fácil enseñar a sus hijos a amarse. Cuando nos sentimos a
gusto con nosotros mismos podemos enseñar la dignidad
y el sentido de valía personal con el ejemplo. Cuanto más
trabajemos en amarnos, mejor comprenderán nuestros hijos que es bueno hacerlo.

Cuarta parte

Aplicación de la sabiduría interior

Todas las teorías del mundo son inútiles a menos que haya acción, cambio positivo y, en último término, curación.

11

La aceptación de la prosperidad

*Cuando nos asustamos, deseamos controlarlo
todo, bloqueando así el manantial de nuestro
bien. Confía en la vida. Todo lo que
necesitamos está aquí esperándonos.*

El Poder que tenemos en nuestro interior está dispuesto a
darnos instantáneamente nuestros más acariciados sueños
y enorme abundancia. El problema está en que no estamos
abiertos a recibirlo. Cuando deseamos algo, nuestro Poder
Superior no dice «Lo pensaré»; responde rápidamente y lo
envía, pero tenemos que estar preparados para recibirlo. Si
no lo estamos, se devuelve al almacén de los deseos no
cumplidos.

Muchas personas acuden a mis charlas y se sientan con
los brazos cruzados sobre el pecho. «¡Cómo van a dejar entrar nada así?», pienso yo. Un gesto maravilloso y simbólico
es abrir los brazos bien abiertos para que el Universo lo vea
y conteste. A muchas personas les da miedo porque creen

que si se abren les van a suceder cosas terribles; y probablemente les sucederán, mientras no cambien lo que sea que dentro de ellos cree que atraerán fatalidad y desdicha.

Cuando empleamos la palabra «prosperidad» mucha gente piensa imediatamente en el dinero. No obstante, esta palabra da cabida a muchas cosas; por ejemplo: tiempo, amor, éxito, comodidad, belleza, conocimiento, relaciones, salud y, ciertamente, dinero.

Si te sientes presionado porque no tienes suficiente tiempo para hacer todo lo que deseas, entonces es que te falta tiempo. Si piensas que el éxito está fuera de tu alcance, entonces no lo vas a tener. Si piensas que la vida es ardua y penosa, entonces siempre te sentirás cansado y amargado. Si piensas que no sabes mucho y que eres demasiado tonto para entender las cosas, jamás te sentirás conectado con la sabiduría del Universo. Si piensas que te falta amor y que tienes malas relaciones, entonces te será muy difícil atraer el amor a tu vida.

¿Y qué hay de la belleza? Estamos rodeados de belleza. ¿Experimentas la belleza que abunda en nuestro planeta? ¿O lo encuentras todo feo, sucio, un despilfarro? ¿Y cómo andamos de salud? ¿Te pasas la vida enfermo? ¿Te resfrías con facilidad? ¿Tienes muchos achaques y dolores? Por último está el dinero. Muchas personas me dicen que jamás hay suficiente dinero en su vida. ¿Qué te permites tener? O tal vez piensas que tus ingresos tienen que ser siempre fijos. ¿Quién los ha fijado?

Nada de lo que acabo de mencionar tiene nada que ver

con el hecho de recibir. Solemos pensar: «Ah, yo quiero tener esto, aquello y lo de más allá». Sin embargo, la abundancia y la prosperidad dependen de lo que te permitas aceptar. Cuando no «recibes» lo que deseas, eso quiere decir que en algún rincón de ti no te permites aceptarlo. Si somos tacaños con la vida, la vida será tacaña con nosotros. Si le robamos a la vida, la vida nos robará a nosotros.

Seamos honrados con nosotros mismos

Honestidad y honradez son palabras que usamos muchísimo, no siempre con pleno conocimiento de lo que verdaderamente significan. Ser honrado no tiene nada que ver con la moralidad o con ser «bueno» o «virtuoso». También tiene muy poco que ver con que te cojan y te lleven a la cárcel. La honradez es un acto de amor hacia nosotros mismos.

El principal valor de la honestidad está en que cualquier cosa que demos en la vida la recibiremos de vuelta. La ley de causa y efecto siempre opera a todos los niveles. Si menospreciamos o juzgamos a otras persona, también nosotros seremos juzgados. Si siempre estamos enfadados, entonces encontraremos enfado dondequiera que vayamos. El amor que nos tenemos a nosotros mismos nos mantiene en armonía con el amor que la vida nos tiene reservado.

Imagínate, por ejemplo, que acaban de entrar a robar a tu apartamento. ¿Piensas inmediatamente que eres una víctima? «¡Han entrado a robar en mi casa! ¿Quién me ha hecho esto?» La sensación que tienes es espantosa y desoladora cuando te pasa algo así; pero, ¿te detienes un momento a pensar cómo y por qué has atraído esa experiencia?

Asumir la responsabilidad de crearnos las propias experiencias no es una idea que estemos dispuestos a aceptar siempre, tal vez sólo algunas veces. Es mucho más fácil echar la culpa a algo que está fuera de nosotros, pero comprendamos que no puede haber crecimiento espiritual mientras no reconozcamos que fuera de nosotros hay poca cosa de valor, que todo viene de adentro.

Cuando me entero de que a alguien le acaban de robar o que ha experimentado algún tipo de pérdida, lo primero que le pregunto es: «¿A quién le has robado últimamente?». Si veo aparecer en su cara una expresión extraña, entonces sé que he tocado un punto sensible. Si recordamos una ocasión en que cogimos algo y luego pensamos en lo que acabamos de perder, la relación entre las dos experiencias puede servir para abrirnos los ojos.

Cuando cogemos algo que no es nuestro, casi siempre perdemos algo de mayor valor. Podríamos coger dinero o algún objeto y después perder una amistad. Si le robamos a un amigo, tal vez podríamos perder el empleo. Si robamos sellos o bolígrafos de la oficina, podríamos perder un tren o faltar a una cita para cenar. Las pérdidas casi siempre nos dañan en un aspecto importante de nuestra vida.

Es lamentable que muchas personas roben cosas a empresas grandes, grandes almacenes, restaurantes u hoteles, etcétera, justificándose con el hecho de que estas empresas pueden permitírselo. Este tipo de justificación no funciona; la ley de causa y efecto continúa operando para cada uno de nosotros. Si robamos algo, perdemos algo. Si damos, recibimos. No puede ser de otra forma.

Si en tu vida hay muchas pérdidas o muchas cosas que van mal, podrías examinar de qué formas robas tú. Algunas personas que jamás soñarían siquiera con robar cosas, se sienten con todo el derecho de robar tiempo o autoestima a otras personas. Cada vez que hacemos sentir culpable a alguien le estamos robando su sentido de valía personal. Para ser verdaderamente honrados en todos los aspectos, necesitamos examinarnos profundamente con el fin de llegar a conocernos a nosotros mismo.

Cuando cogemos algo que no nos pertenece, lo que hacemos en realidad es decirle al Universo que no nos sentimos dignos de ganarlo, no somos capaces, no valemos demasiado, o queremos que nos roben, o que no hay suficiente a nuestro alrededor. Creemos que tenemos que robar y arrebatar para obtener nuestros bienes. Esta creencia se transforma en un verdadero muro que nos aprisiona y nos impide experimentar la abundancia y la alegría en nuestra vida.

Las creencias negativas no son la realidad de nuestro ser. Somos seres magníficos y nos merecemos lo mejor. Hay en abundancia en nuestro planeta. Nuestro bien siempre nos llega por razón de la conciencia. El trabajo que hacemos en la conciencia es siempre el de refinar lo que decimos, pensamos y hacemos. Cuando comprendemos claramente que nuestros pensamientos crean nuestra realidad, entonces usamos nuestra realidad como un mecanismo de respuesta que nos diga cuál es el próximo cambio que necesitamos hacer. Ser absolutamente honrado, hasta el último alfiler, es una elección que hacemos por amor a nosotros mismos. La honestidad nos sirve para que nuestra vida transcurra con mayor facilidad y sin baches.

Si vas a una tienda y no te cobran algo que has comprado y te das cuenta, es tu deber espiritual decirlo. Si te das cuenta en ese momento, dilo. Si no lo adviertes o te das cuenta al llegar a casa o dos días después, entonces es diferente.

Si la deshonestidad desarmoniza nuestra vida, imagínate lo que pueden crear el amor y la honestidad. El bien que hay en nuestra vida, las maravillosas sorpresas que tenemos, todo eso también lo hemos creado. Cuando miremos dentro de nosotros con honestidad y amor incondicional, descubriremos muchas más cosas sobre nuestro poder. Lo que podemos aprender a crear con nuestra conciencia tiene muchísimo más valor que cualquier cantidad de dinero que pudiéramos robar.

Tu hogar es tu santuario

Todo es un reflejo de lo que crees que te mereces. Mira tu casa. ¿Es un lugar donde realmente te gusta vivir? ¿Es cómoda y alegre, o es estrecha, sucia y está siempre desordenada? Lo mismo respecto a tu coche. ¿Te gusta? ¿Refleja el amor que sientes por ti?

¿Son tus ropas una carga, una molestia, algo que tienes que soportar? Tu ropa es un reflejo de lo que piensas de ti mismo. Y los pensamientos que tenemos de nosotros mismos, como ya he dicho, los podemos cambiar.

Si deseas encontrar una nueva casa, comienza por abrirte para hallar el lugar adecuado, y afirma que lo estás esperando. Cuando yo buscaba una nueva casa en Los Ángeles, no podía creer que encontrara sólo lugares horrorosos.

Continué firme pensando: «Esto es los Ángeles y está lleno de apartamentos maravillosos; así pues, ¿dónde están?».

Me llevó seis meses encontrar el apartamento que deseaba, y es magnífico. Durante la época de mi búsqueda, el edificio estaba en construcción, y cuando lo terminaron, encontré el apartamento esperándome. Si buscas algo y no lo encuentras, probablemente haya algún motivo.

Si deseas mudarte del lugar donde vives porque no te gusta, agradece a tu actual hogar que esté ahí. Dale las gracias por protegerte de la intemperie. Si francamente ves que te resulta muy difícil que te guste, empieza por una parte de la casa en la que te sientas bien, como un rincón de tu dormitorio, por ejemplo. No digas «Odio este lugar», porque así no vas a encontrar un sitio que puedas amar.

Ama la casa donde vives para poder abrirle y recibir un maravilloso nuevo hogar. Si tu casa está hecha un desorden y atiborrada de cosas, entonces comienza por limpiarla y despejarla. Tu casa es un reflejo de ti.

Relaciones afectuosas

Soy una gran admiradora del doctor Bernie Siegel, el oncólogo de Connecticut que ha escrito *Amor, medicina milagrosa y Paz, amor y autocuración*. El doctor Siegel ha aprendido muchísimo de sus enfermos de cáncer. Me gustaría citar lo que dice sobre el amor incondicional:

> Muchas personas, sobre todo enfermos de cáncer, llegan a adultas con la creencia de que hay algún defecto terrible en el centro de su ser, defecto que deben ocultar para tener la oportunidad de ser amadas. No se sienten amadas y se cre-

en indignas de ello, condenadas a la soledad si se llega a conocer la verdad de su ser. Estas personas se crean defensas
que las protejan de compartir sus sentimientos más íntimos
con nadie. Debido a que sienten un profundo vacío interior, llegan a considerar todo tipo de relación y de transac-
ción como medio de obtener algo que llene ese vacío interior vagamente comprendido. Viven sólo con la condición
de obtener algo de ello. Y esto lleva a una sensación de vacío aún mayor, lo cual perpetúa el círculo vicioso.

Siempre que doy alguna charla y ofrezco la oportunidad de hacer preguntas, casi invariablemente he de contar
con que se me preguntará una cosa en especial: «¿Cómo
puedo crear relaciones sanas y duraderas?».

Todas las relaciones son importantes porque reflejan lo
que pensamos de nosotros mismos. Si te pasas la vida cas-
tigándote porque piensas que todo lo que va mal es por
culpa tuya, o que siempre eres una víctima, entonces vas a
atraer el tipo de relaciones que te refuercen esa creencia.

Una mujer me contó que mantenía relaciones con un
hombre muy cariñoso y atento, pero que ella sentía la necesidad de poner a prueba su amor.

—¿Por qué quieres poner a prueba su amor? —le pregunté.

Me contestó que se sentía indigna de su amor porque no
se amaba a sí misma lo suficiente. De modo que le sugerí
que tres veces al día, de pie y con los brazos abiertos, dijera:
«Estoy dispuesta a dejar entrar el amor. Puedo dejar entrar
el amor con toda confianza. Estoy a salvo». Después le dije
que se mirara a los ojos y dijera: «Lo merezco. Estoy dispuesta a "tener" aun cuando no lo "merezca"».

Con mucha frecuencia uno se niega lo bueno porque

cree que no puede alcanzarlo. Pongamos por caso que quieras casarte o formar una relación estable. La persona con quien sales tiene cuatro de las cualidades que deseas en tu pareja. Sabes que estás bien encaminado. Entonces quieres un poquito más, o necesitas añadir algo nuevo a la lista. Según el mucho o poco amor que creas merecer, es posible que tengas que pasar por varias personas antes de conseguir lo que realmente quieres.

Del mismo modo, si crees que un Poder Superior te ha rodeado de personas verdaderamente amorosas, o que toda la gente que conoces sólo aporta bien a tu vida, entonces ésas serán las personas que en último término atraerás hacia ti.

Relaciones codependientes

Por lo visto las relaciones personales son las que tienen mayor prioridad para la mayoría de la gente. Tal vez eres una persona que anda siempre en busca del amor. Y la vida no te trae a la pareja adecuada porque tus razones para desear el amor no son claras. Seguramente piensas: «Ay, si tuviera a alguien que me amara, mi vida sería muchísimo mejor». No es así como funciona esto.

Un ejercicio que recomiendo hacer es escribir las cualidades que uno desea en una relación, por ejemplo: diversión, intimidad, comunicación franca y positiva, etcétera. Mira tu lista. ¿Son imposibles de cumplir estos requisitos? ¿Cuál de ellos podrías aportar tú mismo?

Hay una gran diferencia entre la «necesidad de amor» y la «falta de amor». Si te falta el amor, eso sencillamente quiere decir que no tienes el amor y la aprobación de la persona más importante que conoces: tú mismo. Por ello entablas relaciones que son codependientes e inútiles para ambas partes.

Cuando necesitamos a otra persona para que nos llene, somos codependientes. Cuando confiamos nuestro cuidado a otra persona para no tener que hacerlo nosotros, nos convertimos en codependientes. Muchos de nosotros que procedemos de familias problemáticas, hemos aprendido la codependencia de la forma en que nos criamos. Durante muchos años yo creí que no valía lo suficiente y buscaba el amor y la aprobación dondequiera que fuese.

Si te pasas la vida diciendo a otras personas lo que tienen que hacer, entonces posiblemente es que tratas de manipular tus relaciones. Por otro lado, si trabajas para cambiar tus pautas internas de comportamiento, entonces estás permitiendo que las cosas sigan su debido curso.

Tómate un momento y ponte frente al espejo. Piensa en algunas de las creencias de tu infancia que han influido negativamente en tus relaciones. ¿Logras ver cómo continúas recreando esas mismas creencias? Piensa en algunas creencias positivas de tu infancia ¿Tienen el mismo peso para ti que las negativas?

Dite a ti mismo que las creencias negativas ya no te sirven y reemplázalas por afirmaciones nuevas y positivas. Tal vez te convenga escribir las nuevas creencias y colocarlas en un lugar donde las veas cada día. Ten paciencia contigo mismo, ya lo he dicho antes. Persevera en la nueva creencia tanto como perseveraste en la antigua. Yo solía deslizarme a mis viejos hábitos muchas veces antes de que mis nuevas creencias echaran raíces.

Cuando seas capaz de contribuir a la satisfacción de tus propias necesidades, entonces no sentirás esa falta, no serás tan codependiente. Todo comienza por el amor a uno mismo. Cuando nos amamos de verdad, estamos centrados, tranquilos, seguros, y nuestras relaciones son fabulosas, tanto en casa como en el trabajo. Comprobarás cómo reaccionas de forma diferente ante las diversas situaciones y personas. Cosas que alguna vez importaron desesperadamente, ya no te parecerán tan importantes. Entrarán nuevas personas en tu vida y tal vez desaparecerán otras, lo cual al principio es terrible, pero también es maravilloso, renovador y estimulante.

Una vez que sepas lo que deseas en una relación, sal de casa y reúnete con gente. Nadie va a aparecer de pronto en tu puerta. Una buena forma de conocer gente es en algún grupo de apoyo o en clases vespertinas. Esto te permitirá conocer a personas de mentalidad parecida a la tuya o que se interesan por las mismas cosas. Es increíble la rapidez con que puedes hacer nuevos amigos. Hay muchos grupos y clases en todas las ciudades del mundo. Lo único que necesitas hacer es buscarlos. Resulta muy útil asociarse con personas que van por el mismo camino. Te sugiero esta afirmación: «Estoy abierto y receptivo a que entren en mi vida experiencias buenas y maravillosas». Eso es mejor que decir: «Ando en busca de un nuevo amor». Muéstrate abierto y receptivo, y el Universo te contestará con el mayor bien para ti.

Descubrirás que a medida que crece tu autoestima también va creciendo el respeto que sientes por ti mismo; cualquier cambio que consideres necesario hacer te será más fácil de realizar cuando sepas qué es lo que te conviene. El amor no está nunca fuera de ti, está siempre dentro. Cuanto más ames, más digno de amor serás, más amable.

Creencias respecto al dinero

El miedo con respecto al tema del dinero nos viene de nuestra temprana programación durante la infancia. En uno de mis talleres, una mujer contó que su padre, que era muy rico, siempre vivió con el temor de arruinarse, y se lo transmitió a ella, que creció con el miedo de que nadie la cuidara. Su libertad con el dinero estaba atada al hecho de que su padre manipulaba a su familia mediante la culpa. Ella tuvo muchísimo dinero toda su vida; la lección que debía aprender era liberar el miedo de que no sabría cuidar de sí misma. Aun sin tanto dinero podía muy bien cuidar de sí misma.

Los padres de muchos de nosotros crecieron durante la época de la Depresión, por lo cual hemos heredado creencias como «Podríamos morir de hambre», «Tal vez nunca encontremos trabajo», «Podríamos perder la casa, el coche...», o lo que sea.

Muy pocos niños dicen: «No, eso son tonterías». Los niños generalmente lo aceptan y dicen: «Sí, tienes razón».

Haz una lista de las creencias de tus padres respecto al dinero. Pregúntate si aún eliges creerlas. Necesitaras superar las limitaciones y los temores de tus padres porque tu vida ahora no es la misma. Deja de repetirte esas creencias. Empieza a cambiar las imágenes en tu mente. Cuando se te presente una oportunidad, no repitas tu historial de carencia. Comienza a proclamar el nuevo mensaje para hoy. Ahora puedes afirmar que es bueno ser rico y que emplearás sabiamente tu dinero.

También es normal y natural que en ciertas épocas tengamos más dinero que otras personas. Si logramos confiar en que nuestro Poder interior siempre cuidará de nosotros pase lo que pase, seremos capaces de pasar con facilidad por los tiempos de escasez, sabedores de que tendremos más en el futuro.

El dinero no es la respuesta, aun cuando muchas personas piensen que si tuvieran mucho dinero todo iría muy bien porque tendrían menos problemas y preocupaciones. Pero el dinero en realidad no es la respuesta. Algunas personas tienen más dinero del que jamás van a necesitar, y sin embargo no logran ser felices.

Agradece lo que tienes

Un conocido mío me contó que se sentía culpable por no poder recompensar en la debida forma a los amigos que le demostraron su cariño y le hicieron regalos cuando a él no le iban las cosas demasiado bien. Le dije que hay veces en que el Universo nos da de una u otra forma lo que necesitamos y es posible que no podamos devolvérselo.

Sea cual sea la forma que el Universo haya elegido para responder a tu necesidad, agradéceselo. Ciertamente habrá momentos en que puedas ayudar a otras personas. Puede que no sea con dinero sino con tu tiempo, tu comprensión o tu compasión. A veces no comprendemos muy bien que estas cosas pueden ser más valiosas que el dinero.

Pienso en las muchas personas que durante las primeras épocas de mi vida me ayudaron enormemente, en momentos en que yo no estaba en condiciones de devolver el favor. Años después, he tenido la oportunidad de ayudar a

otras personas. Muchas veces creemos que debemos inter-
cambiar la prosperidad. Nos sentimos en la obligación de
corresponder. Si alguien nos invita a comer, inmediatamente tenemos que invitarle a comer: o si alguien nos hace
un regalo, en seguida compramos algo para regalárselo.

Aprende a recibir dando las gracias. Aprende a aceptar, porque el Universo nota nuestra apertura y nuestra disposición para recibir no como un simple intercambio de
prosperidad. Muchos de nuestros problemas tienen su raíz
en nuestra incapacidad para recibir. Podemos dar, pero
nos cuesta mucho recibir.

Cuando alguien te haga un regalo, sonríe y dale las gracias. Si le dices: «Ah, no es mi talla» o «No es mi color pre-
ferido», te aseguro que esa persona jamás volverá a hacerte otro regalo. Acéptalo de buena gana, y si realmente no
te va bien, regálaselo a otra persona a la que le sirva.

Necesitamos ser agradecidos con lo que tenemos para
así poder atraer más bienes. Si nos centramos en la carencia,
atraeremos más carencia. Si estamos en deuda, necesitamos
perdonarnos, no regañarnos. Necesitamos centrarnos en
pagar la deuda mediante afirmaciones y visualizaciones.

Lo mejor que podemos hacer por las personas que tienen problemas monetarios es enseñarles a crear dinero en
la conciencia, porque esto es duradero. Es mucho más duradero que darles algo de dinero. No quiero decir con esto
que no des dinero, sino que no lo des para no sentirte culpable. Se suele decir: «Bueno, tenemos que ayudar a la
gente». Tú también eres gente, eres alguien, y te mereces
la prosperidad. Tu conciencia es la mejor cuenta bancaria
que puedes tener. Cuando deposites en ella pensamientos
valiosos, cosecharás enormes dividendos.

El diezmo, un principio universal

Una de las maneras de atraer dinero a tu vida es contribuir con el diezmo. Contribuir con el 10 por ciento de los ingresos es un principio instaurado hace muchísimos años. A mí me gusta considerarlo como una «devolución a la Vida». Al parecer progresamos más cuando lo hacemos. Las iglesias siempre han necesitado esta contribución. Es una de sus principales formas de recaudar fondos. Actualmente se ha extendido la costumbre de pagar el diezmo en los lugares donde uno recibe su alimento espiritual. ¿Quién o qué te ha sustentado en tu búsqueda por mejorar la calidad de tu vida? Ése sería el lugar perfecto para contribuir con el diezmo. Si no te atrae la idea de pagar el diezmo a una iglesia o a una persona, hay muchas organizaciones sin fines de lucro que podrían beneficiar a otras personas mediante tu contribución. Haz averiguaciones y descubre la que más te conviene.

«Haré mi contribución cuando tenga más dinero», suele decir mucha gente. Ciertamente nunca llegan a tenerlo. Si deseas contribuir, empieza ya, y verás cómo entran en gran cantidad los beneficios. Sin embargo, si aportas tu diezmo con el único fin de «tener más», es que no has entendido de qué va. Lo que se da ha de darse libremente o no funciona. Yo pienso que la vida me ha tratado bien y me siento feliz de devolverle el favor de diversas maneras.

Hay muchísima abundancia en este mundo sencillamente a la espera de que la experimentes. Si realmente te dieras cuenta de que hay más dinero del que jamás podrías gastar, más personas de las que jamás podrías conocer y más felicidad de la que te puedas imaginar, tendrías todo lo que necesitas y deseas.

Si pides el mayor de los bienes, confía en que tu Poder interior te lo proporcionará. Sé honrado contigo mismo y con los demás. No engañes, ni siquiera un poquito, porque te vendrá de vuelta.

La Inteligencia Infinita que lo llena todo te dice: «Sí». Cuando algo entre en tu vida no lo expulses, dite: «Sí». Ábrete para recibir lo bueno. Dite «Sí» a tu mundo. La prosperidad y las oportunidades se centuplicarán.

12

La expresión de la creatividad

*Cuando se abre nuestra visión interior, se
ensancha nuestro horizonte.*

Nuestro trabajo es una expresión divina

Cuando alguien me pregunta cuál es mi objetivo en la vida
le digo que mi objetivo es mi trabajo. Es muy triste saber
que la mayoría de las personas odian su trabajo, e incluso
peor, que no saben lo que desean hacer. Encontrar un objetivo en la vida, encontrar un trabajo que nos guste, es
amarnos a nosotros mismos tal como somos.

El trabajo nos sirve para expresar nuestra creatividad.
Es preciso ir más allá de esa sensación de no ser capaz o de
no saber lo suficiente. Déjate inundar por la energía creativa del Universo, de maneras profundamente gratificantes
y satisfactorias. En realidad no importa lo que hagas mientras te resulte satisfactorio y te sientas realizado.

Si detestas el lugar donde trabajas o te disgusta lo que

haces, siempre te pasará lo mismo con tu trabajo a no ser que cambies en tu interior. Si comienzas un nuevo trabajo con estas mismas creencias, con el tiempo volverás a sentir lo mismo.

Parte del problema reside en que muchas personas piden lo que desean de forma negativa. Conocí a una mujer que tenía muchísimas dificultades para decir lo que deseaba de forma positiva. Se pasaba la vida repitiendo: «No deseo que esto forme parte de mi trabajo», o «No quiero que suceda esto», o «No deseo sentir la energía negativa que hay allí». Te das cuenta de que en realidad no decía lo que quería, ¿verdad? Tenemos que expresar claramente lo que deseamos.

A veces nos resulta muy difícil pedir lo que deseamos. Es tan fácil decir lo que no deseamos... Empieza por afirmar cómo quieres que sea tu trabajo, en presente: «Mi trabajo es enormemente gratificante. Ayudo a la gente. Soy capaz de darme cuenta de lo que necesitan los demás. Trabajo con personas que me aman. Me siento a salvo en todo momento». O quizá: «Mi trabajo me permite expresar libremente mi creatividad. Gano bastante dinero haciendo cosas que me encantan». O: «Siempre me siento feliz en mi trabajo. Mi profesión me llena de alegría, me río muchísimo y gano un montón de dinero».

Recuerda: haz siempre tu afirmación en presente. Lo que afirmes lo obtendrás. Si no lo obtienes, eso quiere decir que hay creencias en tu interior que se niegan a aceptarlo. Haz una lista de «Lo que creo acerca del trabajo». Te sorprenderás ante las creencias negativas que tienes dentro. No prosperarás mientras no las cambies.

Cuando realizas un trabajo que detestas, obstaculizas la capacidad de tu Poder para expresarse. Piensa en las cualidades que deseas que tenga un trabajo, en cómo sería si tuvieras el trabajo perfecto. Es esencial que expreses con claridad lo que deseas. Tu Yo Superior te encontrará el trabajo que te conviene. Si no lo sabes, dispónte a saberlo. Ábrete a tu sabiduría interior.

En la Ciencia de la Mente comprendí muy pronto que mi trabajo era expresar la Vida. Cada vez que se me presentaba un problema sabía que era una oportunidad para crecer y que el Poder que me creó me había dado todo lo necesario para resolverlo. Después del terror inicial acallaba mi mente y entraba en mi interior. Daba las gracias por la oportunidad de manifestar el Poder de la Inteligencia Divina que obraba a través de mí.

Una joven que asistía a uno de mis talleres deseaba ser actriz. Sus padres trataban de convencerla para que estudiara derecho, sus familiares y amigos también, y se sentía muy presionada. Finalmente entró a la facultad de Derecho, pero al mes dejó de asistir a las clases. Decidió apuntarse a clases de actuación porque eso era lo que siempre había deseado.

Muy pronto comenzó a tener sueños en los que alguien le decía que no iba a ser nada en su vida, y empezó a sentirse desgraciada y deprimida. Le resultaba muy difícil desechar sus dudas y temía estar cometiendo el mayor error de su vida: pensaba que jamás podría echar marcha atrás y cambiar.

—¿De quién es la voz que escuchas? —pregunté.

Me contestó que ésas eran las palabras que su padre le había repetido un montón de veces.

Muchas personas se pueden reconocer en la historia de

esta joven. Ella deseaba ser actriz, sus padres querían que fuera abogada. Llegó a un punto de confusión que no sabía qué hacer. Necesitaba comprender que la voz de su padre le decía: «Te quiero». Él pensaba que como abogada estaría bien y segura. Eso era lo que él deseaba. Pero no era eso lo que «ella» deseaba.

Necesitaba hacer lo que para ella era correcto en su vida, aun cuando no coincidiera con las expectativas de su padre. Le recomendé que se sentara frente al espejo, se mirara a los ojos y dijera: «Te amo y te apoyo para que hagas lo que realmente deseas. Te apoyaré de todas las formas que me sean posibles».

Le dije que se tomara tiempo para escuchar. Le era necesario comunicarse con su sabiduría interior y comprender que no tenía por qué complacer a nadie más que a sí misma. Podía amar a su padre, pero al mismo tiempo realizarse. Ademas podía decirle a su padre: «Te quiero, pero no deseo ser abogada, deseo ser actriz», o lo que sea. Este es uno de los grandes desafíos: hacer lo que nos parece correcto para nosotros aun cuando las personas que nos aman tengan otras ideas. No estamos aquí para satisfacer las expectativas de los demás.

Cuando tenemos la profunda convicción de que no somos dignos, de que no somos merecedores, encontramos problemas para hacer lo que deseamos. Si los demás nos dicen que no debemos hacer o tener algo y entonces nosotros nos lo negamos, es que nuestro niño interior cree que no se merece nada bueno. Nuevamente volvemos a la necesidad de aprender y practicar formas de amarnos más cada día.

Lo repito, empieza por escribir todo lo que piensas y crees acerca del trabajo, del fracaso y del éxito. Pon atención a todo lo negativo que escribas y comprende que ésas son las creencias que te impiden progresar en ese aspecto. Es posible que descubras muchas creencias que te dicen que mereces el fracaso. Coge cada una de las afirmaciones negativas y conviértelas en positivas. Empieza a dar forma en tu mente al trabajo que deseas para realizarte plenamente.

Tus ingresos pueden provenir de muchas fuentes

¿Cuántos de nosotros creemos que hay que trabajar mucho y muy duro para ganarnos bien la vida? En los Estados Unidos, sobre todo, existe una ética laboral que supone que uno tiene que trabajar mucho para ser una buena persona, a lo cual añadimos que el trabajo es algo penoso.

Yo he descubierto que si uno trabaja en algo que le gusta, normalmente obtiene buenos ingresos. Si nos pasamos la vida repitiendo «Odio este trabajo», no llegaremos a ninguna parte. Sea cual sea tu trabajo, pon en él amor y una actitud positiva. Si te encuentras en una situación desagradable, mira en tu interior, ve cuál es la enseñanza que encierra y aprende de ella.

Una joven me contó que según sus creencias estaba bien que el dinero le llegara de todo tipo de fuentes inesperadas. Sus amigos le criticaban su talento único para atraer riquezas e insistían en que hay que trabajar duro para ganar dinero. Ellos sabían que ella no trabajaba duro en absoluto. De modo que esta joven comenzó a sentir el temor de que si no trabajaba mucho eso significaba que no se merecía el dinero que tenía.

Al principio su conciencia iba por buen camino. En realidad lo que tenía que hacer era darse las gracias a sí misma en lugar de atemorizarse. Ella sabía cómo manifestar la abundancia, y en ese aspecto su vida funcionaba sin ningún esfuerzo. Pero sus amigos deseaban frenarla porque todos ellos trabajaban mucho y no tenían tanto dinero como ella.

Muchas veces yo tiendo mi mano a otras personas, y si ellas la aceptan y desean aprender cosas nuevas, disfrutar y viajar, maravilloso. Pero si me juzgan y me dan la lata, digo adiós, y trabajo con alguien que verdaderamente desee salir del lodo.

Si tu vida está llena de amor y alegría, no escuches a esa persona desgraciada y solitaria que te dice cómo tienes que vivir. Si tu vida está llena de riqueza y abundancia, no escuches a esa persona pobre y endeudada que te dice cómo tienes que vivir. Muchas veces son nuestros padres los que nos dicen cómo hemos de hacer las cosas. Han tenido una vida llena de trabajos, penurias y privaciones, ¡e intentan enseñarnos a vivir!

A muchas personas les preocupa la economía y creen que ganarán o perderán dinero debido a la situación del momento. Pero la economía siempre está cambiando, ya en alza, ya de baja. De modo que no importa lo que sucede allí fuera ni lo que hagan otros para cambiar la economía. No estamos estancados debido a la economía. Pase lo que pase «allí fuera» en el mundo, lo único que importa es lo que creemos respecto a nosotros mismos.

Si tienes miedo de quedarte sin hogar, pregúntate: «¿Dónde en mi interior no me siento en casa? ¿Dónde me siento abandonado? ¿Qué necesito hacer para experimentar la paz interior?». Todas nuestras experiencias externas reflejan nuestras creencias internas.

Siempre he hecho esta afirmación: «Mis ingresos aumentan constantemente». Otra afirmación que me gusta es: «Supero el nivel de ingresos de mis padres». Tienes derecho a ganar más de lo que ganaban tus padres. Es casi una necesidad, ya que las cosas están más caras ahora. Para las mujeres sobre todo, esto representa un buen conflicto. Con frecuencia se les hace difícil ganar más de lo que ganan sus padres. Es necesario que vayan más allá de esa sensación de no merecimiento y acepten la abundancia de riqueza monetaria que es su derecho divino.

El trabajo sólo es uno de los muchos canales de la fuente de dinero infinita. El dinero no es el objetivo del trabajo adecuado para uno. El dinero nos puede llegar de muchas maneras y por muchos canales. Sea cual fuere la forma en que te llegue, acéptalo con alegría como un regalo del Universo.

Una joven se quejaba de que sus parientes políticos le compraban todo tipo de cosas bonitas a su bebé mientras ella no podía permitirse comprarle nada. Le recordé que el Universo deseaba que ese bebé estuviera bien provisto de todo lo bueno y utilizaba a sus parientes políticos como canal para proporcionárselo. Ella podía entonces estar agradecida y apreciar la forma en que el Universo proveía para su hijo.

Relaciones en el trabajo

Nuestras relaciones de trabajo son similares a las que tenemos con nuestra familia. Pueden ser sanas o no funcionar bien.

—¿Cómo puedo tratar con las personas en un ambiente

de trabajo continuamente negativo —me preguntó una mujer—, yo que normalmente soy una persona positiva?

En primer lugar me pareció muy interesante que siendo, como decía, una persona positiva, pudiera encontrarse en un ambiente donde todo era negativo. ¿Por qué atraía a personas negativas?, me pregunté. ¿Habría tal vez en su interior alguna negatividad que ella no admitía?

Le sugerí que comenzara a creer para sí misma que trabajaba en un lugar agradable y lleno de paz, donde todas las personas se apreciaban entre ellas y apreciaban el mundo en general, donde había respeto de todos hacia todos. En lugar de quejarse de que fulano quería salirse siempre con la suya, podía afirmar que siempre trabajaba en el lugar ideal.

Adoptando esta filosofía, o bien podía contribuir a que los demás mostraran sus mejores cualidades respondiendo así a sus cambios interiores, o bien encontraría otro trabajo donde se darían las condiciones que ella deseaba.

Un hombre me contó una vez que al principio desplegaba en su trabajo toda una serie de cualidades, entre ellas la intuición, y que le iba maravillosamente bien, sobre ruedas. Era preciso, abierto y se sentía satisfecho. De pronto comenzó a cometer errores cada día. Le pregunté de qué tenía miedo. ¿Sería tal vez algún antiguo temor de la infancia que estaba aflorando? ¿Había alguien en el trabajo con quien estaba fastidiado, o tal vez buscaba vengarse de alguien? ¿Le recordaba esa persona a su madre o a su padre? ¿Le había sucedido esto en otros trabajos? A mí me parecía que estaba creando un cierto caos en su trabajo debido a alguna vieja creencia. Él reconoció que se trataba de la costumbre que tenía su familia de ridiculizarlo cada vez que cometía un error. Le sugerí que perdonara a su familia y afirmara que ahora tenía unas relaciones maravillosas y armoniosas en el trabajo, que allí todos le respetaban y valoraban lo que hacía.

Cuando pienses en tus compañeros de trabajo no digas: «Son tan negativos...». Todo el mundo tiene todas las cualidades en su interior, de modo que responde a esas buenas cualidades y no alteres su tranquilidad. Cuando te centres en sus cualidades, éstas emergerán a la superficie. Si los demás no paran de decir cosas negativas, no prestes atención. Eres tú quien necesita cambiar tu conciencia. Ellos reflejan algo negativo que hay dentro de ti, de modo que cuando tu conciencia cambie verdaderamente, la gente negativa no se te acercará tanto. Aun cuando te sientas frustrado, afirma lo que deseas tener en tu lugar de trabajo. Después acéptalo con alegría y agradécelo.

Una mujer tuvo la oportunidad de hacer lo que le gustaba en su trabajo y de crecer con la experiencia. Empero, solía caer enferma muy a menudo, y así se saboteaba a sí misma. Recordó que de pequeña se pasaba la vida enferma, porque ésta era su manera de obtener amor y afecto. De modo que ya adulta vivía recreando el hábito de enfermar.

Lo que necesitaba aprender era cómo obtener amor y afecto de forma más positiva. Cuando algo iba mal en el trabajo, inmediatamente volvía a ser la niña de cinco años. Cuando comenzó a cuidar de su niña interior, aprendió también a sentirse segura y aceptar su propio poder.

La competitividad y la comparación son dos importantes obstáculos a nuestra creatividad. Cada uno de nosotros es un ser único y especial, diferente de todos los demás. Desde el comienzo de los tiempos jamás ha habido otra persona igual a mí, de modo que ¿para qué compararme y competir? La comparación nos hace sentir superiores o bien inferiores, lo cual es una expresión de nuestro ego, de nuestra forma limitada de pensar. Si te comparas para sentirte un poco mejor, con eso das a entender que otra persona no vale lo suficiente. Tal vez creas que subvalorando a los demás te elevas, pero lo que en realidad haces es colocarte en posición de que los demás te critiquen. Todos lo hacemos en mayor o menor grado, y es bueno que podamos superarlo. Iluminarse significa entrar en nuestro interior y hacer brillar la luz con el fin de disipar la oscuridad que hay allí.

Quisiera decir nuevamente que todo cambia, y lo que una vez fue perfecto para ti puede que ya no lo sea. Para continuar cambiando y creciendo es preciso que entres en tu interior constantemente, con el fin de escuchar lo que es correcto para ti en este lugar y en este momento.

Otra forma de hacer negocios

Desde hace varios años tengo mi propia empresa editorial. Mi divisa es que abramos la correspondencia, contestemos el teléfono y hagamos lo que tenemos delante, y siempre hay muchísimo que hacer. Hemos ido haciendo esto cada día, y mientras tanto la empresa ha ido creciendo hasta llegar a bastante más de veinte empleados.

Organizamos la empresa basándonos en principios espirituales, y hacemos afirmaciones positivas para la mente al comenzar y al terminar las reuniones. Nos damos cuenta de que muchas otras empresas trabajan en base a la competitividad, con frecuencia censurando a otras, y no deseamos enviarle a nadie esa energía negativa, sabedores de que se nos devolvería duplicada.

Decidimos que si queríamos vivir esta filosofía, no podíamos actuar siguiendo los antiguos conceptos de hacer negocios. Cuando surge algún problema, dedicamos un cierto tiempo a afirmar lo que deseamos que cambie.

Disponemos de una habitación «a prueba de gritos», donde todos podemos desahogarnos sin que se nos escuche ni se nos juzgue, y donde también podemos meditar o relajarnos (tenemos allí muchas cintas grabadas para escuchar). Esta habitación se ha convertido en un refugio en momentos de dificultad.

Recuerdo una época en que tuvimos muchos problemas con nuestros ordenadores. Día que pasaba, día que se estropeaba algo. Como yo creo que las máquinas reflejan nuestra conciencia, comprendí que muchos de nosotros estábamos enviando energía negativa a los ordenadores y que en realidad «esperábamos» que se estropease algo. Hice programar una afirmación para el ordenador: «Buenos días, ¿cómo te encuentras hoy? Yo trabajo muy bien cuando me aman. Te amo». Por la mañana, al conectar cada uno su ordenador aparecía el mensaje. Es asombroso cómo ya no volvimos a tener problemas con los ordenadores.

Muchas veces consideramos «desastres» algunas cosas que suceden, sobre todo en el trabajo. Pero sería mucho mejor que nos las tomáramos sencillamente por lo que son: experiencias de vida que siempre nos enseñan algo. Yo sé que nunca he tenido un «desastre» que no haya resultado al final una buena enseñanza, que muchas veces ha significado para mí pasar a un nivel de vida mucho mejor.

Por ejemplo, mi empresa, Hay House, no iba muy bien hace un tiempo. Como suele suceder en toda empresa, nuestras ventas sufrían altibajos, y por lo visto estaban bajas y se iban a mantener así al menos por el momento. Sin embargo, nosotros no nos ajustamos a esa realidad, y mes tras mes continuamos gastando más de lo que entraba. Cualquier persona que haya tenido una empresa sabe que no es ésa la manera de hacer las cosas. Finalmente daba la impresión de que perdería mi negocio si no adoptaba «medidas drásticas».

Entre esas «medidas drásticas» estaba el despido de más de la mitad de mi personal. Ya te puedes imaginar lo difícil que me resultaba hacer eso. Recuerdo muy bien el momento en que entré en la sala de conferencias donde estaban todos reunidos, para dar la noticia. Me eché a llorar, pero sabía que tenía que hacerlo. Aunque era muy duro para todos nosotros, yo confiaba en que mis queridos empleados encontrarían muy pronto un trabajo mejor. Y prácticamente todos ellos lo han encontrado. Incluso algunos han iniciado su propia empresa y con mucho éxito. Durante los malos momentos, no dejé de afirmar que esta experiencia redundaría en el mayor bien para todas las personas implicadas.

Todo el mundo, por supuesto, supuso lo peor. Se corrió el rumor de que Hay House estaba en quiebra, no sólo entre las personas conocidas sino por todo el país. Nuestro personal de ventas estaba maravillado de que tanta gente del mundo de los negocios supiera siquiera de la existencia de nuestra empresa, no digamos de nuestros apuros económicos. Tengo que confesar que nos alegramos mucho de poder demostrar que todos esos pronósticos estaban equivocados. Nos apretamos muchísimo el cinturón y no fuimos a la bancarrota. Con el reducido personal que quedó, y cada uno decidido a sacar esto adelante, pasamos muy bien el bache, pero lo más importante es que hemos aprendido muchísimo.

A Hay House le está yendo mejor que nunca actualmente. Mis empleados disfrutan con su trabajo y yo disfruto por tenerlos a ellos. Aun cuando todos estamos trabajando mucho más, lo interesante es que nadie considera que tenga demasiado trabajo. Publicamos más libros que nunca y atraemos más prosperidad en todos los aspectos de nuestra vida.

Creo que al final todo resulta para mejor, pero a veces cuesta verlo cuando se está pasando por una mala experiencia. Piensa en alguna experiencia negativa que hayas tenido en tu trabajo o en tu pasado en general. Tal vez te despidieron o quizá tu pareja te abandonó. Ahora considéralo en perspectiva y echa una mirada al cuadro general. ¿No te han sucedido muchas cosas buenas como consecuencia de esa experiencia? Muchas veces he escuchado decir: «Sí, fue algo horrible lo que me sucedió, pero si no hubiera sido por eso, jamás habría conocido a..., o comenzado a trabajar por mi cuenta, o reconocido que tenía una adicción, o aprendido a amarme a mí mismo».

Al confiar en que la Inteligencia Divina nos hará experimentar la vida de las formas que más nos convengan, nos damos el poder de disfrutar verdaderamente de lo que la vida nos ofrece: de lo bueno, y de lo supuestamente malo. Haz la prueba de aplicar esto a tus experiencias laborales y fíjate en los cambios que se operan.

Los empresarios y las personas del mundo de los negocios pueden comenzar a actuar como expresión de la Inteligencia Divina. Es importante mantener abiertas las líneas de comunicación con los empleados y que éstos puedan expresar sin temor sus opiniones acerca de su trabajo. Procurad que las oficinas sean un lugar limpio y ordenado para trabajar. Lo vuelvo a repetir, el desorden de una oficina refleja el estado mental de las personas que en ella trabajan. ¿Cómo puede hacerse bien y a tiempo una tarea mental o intelectual en medio del desorden físico? Podríais adoptar una afirmación de objetivo que refleje la filosofía que queréis para vuestra empresa. La nuestra, en Hay House, es: «Crear un mundo seguro para amarnos mutuamente». Cuando se permite actuar a la Inteligencia Divina en todos los aspectos del negocio, todo contribuye al objetivo y conforme a un plan divino. Inesperadamente se presentan las más maravillosas oportunidades.

Veo cómo muchas empresas comienzan a cambiar. Llegara el momento en que las empresas no podrán sobrevivir si continúan funcionando al viejo estilo de competición y conflicto. Algún día todos sabremos que hay en abundancia para todos y nos desearemos mutuamente la prosperidad. Las empresas pueden comenzar a cambiar sus prioridades, a convertirse en un gran espacio donde sus empleados puedan expresarse, y a hacer que sus productos y servicios beneficien al planeta en general.

Las personas necesitan obtener de su trabajo algo más que un talón de pago. Necesitan aportar su contribución al mundo y sentirse realizadas. En el futuro, la capacidad para hacer el bien de forma amplia y universal se superpondrá al materialismo.

13

La totalidad de las posibilidades

*Cada uno de nosotros está vinculado
totalmente con el Universo y con toda la
vida. El Poder está dentro de nosotros para
ensanchar nuestros horizontes y nuestra
conciencia.*

Ahora deseo que vayas incluso más lejos. Si ya llevas algún
tiempo en la senda del trabajo en ti mismo, ¿quiere eso decir que no tienes nada más que hacer? ¿Te dormirás ahora
en tus laureles y descansarás? ¿O comprendes que el trabajo interior es una ocupación de toda la vida y que una
vez empezado nunca se detiene? Puedes llegar a rellanos y
tomarte un descanso, pero fundamentalmente se trata de
un trabajo al que vale la pena entregar toda la vida. Tal vez
necesites preguntarte en qué aspectos de tu vida necesitas
continuar trabajando, y qué más te hace falta. ¿Estás sano?
¿Eres feliz? ¿Es próspera tu vida? ¿Te sientes realizado en
tu creatividad? ¿Te sientes seguro? ¿Te sientes a salvo?

Limitaciones aprendidas en el pasado

Hay una expresión que me gusta muchísimo usar: la totalidad de las posibilidades. La aprendí de uno de mis primeros maestros en Nueva York, Eric Pace. Esta expresión siempre me proporciona un lugar para que mi mente despegue y vaya más allá de donde yo creía posible; más allá de las creencias limitadas en las que me eduqué de joven.

Cuando era niña no sabía que las críticas que los adultos y mis compañeros me hacían ocasionalmente eran sólo consecuencia de un mal día o de algún pequeño desencanto y que en realidad no eran ciertas. Yo aceptaba de buena gana estas ideas y creencias sobre mí misma, y así se fueron convirtiendo en parte de mis limitaciones. Puede que no pareciera tonta ni desgarbada ni torpe, pero ciertamente yo creía que lo era.

La mayor parte de nosotros adoptamos las ideas que tenemos sobre la vida alrededor de los cinco años. Durante la adolescencia añadimos otras, pero muy pocas. Si les preguntáramos a muchas personas por qué creen tal o cual cosa sobre algún tema y ellas pudieran seguirle la pista hacia atrás, descubrirían que tomaron ciertas decisiones al respecto a esa temprana edad.

De modo que vivimos con las limitaciones de nuestra conciencia de cinco años. Fue algo que aceptamos de nuestros padres, y aún continuamos viviendo con las mismas limitaciones de la conciencia que tenían ellos. Hasta los padres más fabulosos del mundo no lo saben todo y tienen sus propias limitaciones. Repetimos lo que nuestros padres decían cuando decimos: «No puedes hacer eso», o «No resultará». Sin embargo, no necesitamos para nada las limitaciones, por importantes que puedan parecer.

Algunas de estas creencias pueden ser positivas y sustentadoras. Esos pensamientos nos fueron de mucha utilidad en nuestra vida, por ejemplo: «Mira a ambos lados de la calle antes de cruzar», o «La fruta y la verdura fresca son muy buenas para la salud». Otras ideas pueden haber sido útiles cuando éramos niños, pero al hacernos mayores ya no son apropiadas. Por ejemplo, «No te fíes de los desconocidos» puede ser un buen consejo para un niño. Perpetuar esta creencia cuando ya somos adultos sólo nos crea aislamiento y soledad. Lo bueno de todo esto es que siempre y en todo momento podemos hacer ajustes.

Cuando decimos «No puedo», «No resultará», «No tengo suficiente dinero» o «¿Qué pensarán los vecinos?», nos limitamos. Esta última expresión es un obstáculo bastante importante. «¿Qué van a pensar los vecinos, o mis amigos, o mis compañeros, o quien sea?» Es una buena excusa: no tenemos que hacerlo, porque ellos no lo harían y no lo aprobarían. Así como cambia la sociedad, cambian también los vecinos, de modo que no tiene sentido apoyarnos en esta suposición.

Si alguien te dice: «Nadie lo ha hecho jamás de este modo», tú puedes contestar: «¿Y qué?». Hay miles de maneras de hacer algo, así pues, hazlo de la forma que te parezca mejor. Nos enviamos otros mensajes absurdos, como: «No soy lo suficientemente fuerte», «No soy lo suficientemente joven», «No soy lo suficientemente mayor», «No soy lo suficientemente alto» o «No soy del sexo adecuado para hacer eso».

¿Cuántas veces has dicho la última frase? «No puedo hacerlo porque soy una mujer» o «No puedo hacerlo porque soy un hombre». Tu alma no tiene sexo. Yo creo que escogiste tu sexo antes de nacer para aprender una determinada enseñanza espiritual. Sentirse inferior debido al sexo no sólo es una mala excusa sino también otra forma de renunciar al propio poder.

Con frecuencia nuestras limitaciones nos impiden expresar y experimentar el total de las posibilidades. «No tengo la educación apropiada.» ¿Cuántos de nosotros hemos dejado que esa limitación nos impida hacer algo? Es preciso que entendamos que la educación es algo impuesto por grupos de personas que nos dicen: «No podéis hacer esto ni lo otro a menos que lo hagáis a nuestro modo». Podemos aceptar esa limitación o podemos «pasar» de ella. Durante muchísimos años yo la acepté porque había abandonado mis estudios antes de terminar la escuela secundaria. Solía decir: «Oh, no tengo ninguna educación. No sé pensar. No puedo conseguir un buen trabajo. No sé hacer nada bien».

Entonces un buen día comprendí que la limitación estaba en mi mente y que no tenía nada que ver con la realidad. Cuando abandoné mis propias creencias limitadoras y me permití pasar a la totalidad de las posibilidades, descubrí que sabía pensar. Descubrí que era muy inteligente y que sabía comunicarme. Descubrí toda suerte de posibilidades que, contempladas desde las limitaciones del pasado, parecían imposibles.

Limitación de la capacidad interior

También hay muchas personas que piensan que lo saben todo. El problema de saberlo todo es que así no se crece, y nunca se aprende nada nuevo. ¿Aceptas que hay un Poder y una Inteligencia mayores que tú piensas que no y que eres tu cuerpo físico? Si piensas esto último, entonces debes estar lleno de temor debido a tu mente limitada. Si comprendes que hay un Poder en este Universo que es más grande y más sabio, y que formas parte de Él, entonces puedes penetrar en el espacio en donde se encuentra la totalidad de las posibilidades.

¿Cuán a menudo te sumes en las limitaciones de tu actual conciencia? Cada vez que dices «No puedo», te pones delante una señal de «*STOP*». Cierras la puerta a tu propia sabiduría interior y obstruyes el flujo de energía que es tu forma de saber espiritual. ¿Estás dispuesto a ir más allá de lo que crees hoy? Esta mañana te despertaste con ciertos conceptos e ideas. Tienes la capacidad de ir más allá de ellos para experimentar una realidad muchísimo mayor. Esto se llama aprendizaje, porque introduce algo nuevo, que puede encajar con lo que ya está allí, o ser incluso mejor.

¿Te has fijado que cuando te pones a ordenar un armario desechas algunas ropas y chismes que ya no necesitas? Haces un montón con las cosas que vas a regalar y tiras lo que ya no sirve. Después colocas las cosas con las que te quedas en un orden totalmente diferente. Así te resulta más fácil encontrar lo que buscas y al mismo tiempo dejas sitio para lo nuevo. Si antes de arreglar el armario te hubieras comprado algo nuevo, habrías tenido que meterlo apretadamente entre otras cosas desordenadas. Si despejas y ordenas el armario, haces sitio para colocar lo nuevo.

También es necesario que despejemos y ordenemos nuestra mente, que la limpiemos de contenidos que ya no nos sirven para dejar sitio a las nuevas posibilidades. Donde está Dios todo es posible, y Dios está en cada uno de nosotros. Si continuamos aferrados a nuestras ideas preconcebidas, entonces seguiremos bloqueados. Cuando alguien está enfermo, ¿dices: «Ay, pobrecillo, debe de sufrir mucho»? ¿O miras a esa persona y ves la absoluta verdad de su ser y afirmas la salud del Poder Divino que lleva dentro? ¿Ves la totalidad de las posibilidades y sabes que pueden ocurrir milagros?

Un hombre me dijo una vez, con mucha seguridad, que era absolutamente imposible que un adulto cambiara. Vivía en el desierto y padecía todo tipo de enfermedades. Deseaba vender su propiedad, pero como no quería cambiar su manera de pensar, se mostró muy rígido cuando llegó el momento de negociar con un comprador. La venta tenía que realizarse a su modo. Era evidente que lo pasaría muy mal al intentar vender su propiedad en la medida en que estaba convencido de que no podría cambiar jamás. Lo único que necesitaba hacer era abrir su conciencia a una nueva forma de pensar.

Ensanchar nuestros horizontes

¿Cómo nos impedimos penetrar en la totalidad de las posibilidades? ¿Qué otra cosa nos limita? Todos nuestros temores son limitaciones. Si estás asustado y dices: «No puedo; no resultará», ¿qué sucede? Vuelves a tener experiencias terribles. Los juicios son limitaciones. A ninguno de nosotros nos gusta que nos juzguen; pero, ¿cuán a menudo juzgamos nosotros? Cada vez que te descubras juzgando o haciendo una crítica, por pequeña que sea, recuerda que lo que das lo recibirás de vuelta. Es posible que necesites dejar de limitar tus posibilidades y convertir tu manera de pensar en algo maravilloso.

Hay diferencia entre hacer un juicio y tener una opinión. A muchos se nos pide que emitamos nuestro juicio sobre algo. En realidad lo que damos es nuestra opinión. Una opinión es nuestro parecer respecto a algo, como, por ejemplo: «Prefiero no hacer eso» o «Prefiero el color rojo al azul». Decir que alguien obra mal o se equivoca porque viste de azul, es un juicio. Es necesario distinguir entre ambas cosas. La crítica siempre supone un error o una mala acción por parte de ti o de otra persona. Si alguien te pide tu opinión o tu preferencia, no permitas que lo que digas se convierta en una crítica o un juicio sobre otra persona.

De igual manera, cada vez que te abandonas a la culpa te impones una limitación. Si haces daño a alguien, dile que lo lamentas y no vuelvas a hacerle daño nunca más. No vayas ahí arrastrando tu sentimiento de culpa, porque éste es un obstáculo que te impide experimentar cosas buenas y no tiene nada que ver con la realidad de tu verdadero ser.

Cuando no estás dispuesto a perdonar, limitas tu crecimiento. El perdón te permite corregir algo malo en tu yo espiritual, comprender en lugar de sentir resentimiento, tener compasión en lugar de odiar.

Considera tus problemas como oportunidades para crecer. Cuando tienes un problema, ¿ves únicamente las restricciones de tu mente limitada? «Ay, pobre de mí. ¿Por qué me ha ocurrido esto?» No siempre es necesario saber cómo van a resolverse las situaciones. Es preciso confiar en el Poder y la Presencia interiores, que son muchísimo más grandes que uno. Es preciso afirmar que todo está bien y que todo se va a solucionar para el mayor bien. Si te abres a las posibilidades cuando tienes problemas, puedes hacer cambios; los cambios se producen de las formas más increíbles, de formas que tal vez no te podrías ni imaginar.

Todos nos hemos encontrado en nuestra vida en situaciones en que decimos: «No sé cómo voy a solucionar esto».

Nos parecía que estábamos frente a un muro de piedra, y sin embargo todos estamos aquí ahora y lo hemos solucionado mediante lo que quiera que fuese. Tal vez no entendimos cómo sucedió, pero sucedió. Cuanto más nos comprometemos con la energía cósmica, la Inteligencia Única, la Verdad y el Poder que llevamos en nuestro interior, más rápido se hacen realidad esas maravillosas posibilidades.

Conciencia de grupo

Es esencial dejar atrás nuestros limitados pensamientos y creencias y despertar nuestra conciencia a una perspectiva más cósmica de la vida. La evolución de la conciencia superior en este planeta está ocurriendo a una velocidad mayor que nunca. El otro día vi un gráfico que me dejó fascinada. Mostraba el desarrollo de diversos sistemas en nuestra historia y cómo han cambiado. El desarrollo de la agricultura fue eclipsado por la expansión industrial. Después, alrededor de 1950, se impuso la fase de la información en la medida en que mejoraron las comunicaciones y se extendió el uso de los ordenadores.

Junto a este periodo de información hay también una gráfica indicadora del grado de concienciación, y ésta deja pequeña la fase de información a una velocidad de progreso incontestada. ¿Te imaginas lo que esto significa? Yo viajo bastante, y dondequiera que voy veo a personas que están estudiando y aprendiendo. He estado en Australia, Jerusalén, Londres, París y Amsterdam. En todos estos lugares he conocido a grupos de personas que buscan formas de expandirse, abrirse e iluminarse; personas fascinadas por la forma en que trabaja la mente humana; personas que emplean su sabiduría para asumir el control de su vida y de sus experiencias.

Estamos llegando a nuevos planos de espiritualidad. Aunque aún se dan guerras religiosas, cada vez están menos extendidas. Estamos comenzando a comunicarnos los unos con los otros en niveles de conciencia más elevados. La caída del muro de Berlín y el nacimiento de la libertad en Europa son ejemplos de que nuestra conciencia se dilata, ya que la libertad nos pertenece por derecho natural. A medida que despierta, la conciencia individual va influyendo en la conciencia de grupo.

· Cada vez que utilizas tu conciencia de forma positiva, te comunicas con otras personas que están haciendo lo mismo. Cada vez que la utilizas de forma negativa, te comunicas con la negatividad. Cada vez que meditas, te comunicas con otras personas que están meditando. Cada vez que visualizas el bien para ti mismo, lo haces también para los demás. Cada vez que visualizas la curación de tu cuerpo, conectas con otras personas que están haciendo lo mismo.

Nuestro objetivo es ensanchar nuestra forma de pensar para que vaya más allá de lo que fue o de lo que podría ser. Nuestra conciencia puede producir milagros en el mundo.

La totalidad de las posibilidades está conectada con todo, incluidos nuestro Universo y el más allá. ¿Con qué te conectas tú? El prejuicio es una forma de temor. Si tienes prejuicios, estás conectado con otras personas que también los tienen. Si abres tu conciencia y haces todo lo posible por llegar al amor incondicional, conectas con la curva del gráfico que va subiendo. ¿Deseas quedarte atrás? ¿O deseas elevarle con la curva?

Con frecuencia hay crisis en el mundo. ¿Cuántas personas envían energía positiva a la zona conflictiva afirmando que todo se revolverá lo más rápidamente posible y que existe una solución que redundará en el mayor bien para todas las personas involucradas? Es preciso que usemos nuestra conciencia de forma tal que creemos armonía y abundancia para todo el mundo. ¿Qué tipo de energía envías tú? En lugar de censurar y quejarte, puedes conectar con el Poder a nivel espiritual y afirmar los resultados más positivos imaginables.

¿Hasta qué punto estás dispuesto a ensanchar los horizontes de tu pensamiento? ¿Estás dispuesto a ir más lejos que tus vecinos? Si tus vecinos tienen una mente limitada, busca nuevos amigos. ¿Hasta dónde estás dispuesto a expandirte? ¿Estás dispuesto a cambiar el «no puedo» por el «puedo»?

Siempre que escuches decir que algo es incurable, date cuenta en tu mente de que eso no es cierto, de que hay un Poder mayor. Para mí «incurable» sólo significa que la medicina aún no ha descubierto la forma de curar esa enfermedad determinada. No significa que no sea posible, sino que es necesario que entremos en nuestro interior y encontremos una cura. Podemos ir más allá de las estadísticas. No somos números en un gráfico. Éstos son sólo las proyecciones de otra persona, de la mente limitada de otra persona. Si no nos damos las posibilidades, nos negamos la esperanza. Durante el Congreso Nacional para el Sida en Washington, el doctor Donald M. Pachuta dijo que «nunca hemos tenido una epidema, *nunca,* que haya sido el cien por ciento fatal».

En algún lugar de este planeta, alguien ha sido curado de cada enfermedad, sin excepción, que hayamos podido crear. Si nos limitamos a aceptar la fatalidad y el desastre, nos bloqueamos. Es preciso que adoptemos un enfoque positivo para encontrar respuestas, que comencemos a utilizar nuestro Poder interior para curarnos.

Nuestros otros poderes

Se dice que sólo utilizamos el diez por ciento de nuestro cerebro: ¡sólo el diez por ciento! ¿Para qué está el otro noventa por ciento? Yo creo que las dotes psíquicas, la telepatía, la clarividencia y la clariaudiencia son capacidades normales y naturales. Lo que sucede es que no nos permitimos experimentar estos fenómenos. Tenemos todo tipo de motivos para no experimentarlos o para no creernos capaces de ello. Con cierta frecuencia los niños pequeños tienen muchas dotes psíquicas. Por desgracia los padres les dicen en seguida: «No digas eso», «Es sólo tu imaginación», «No creas en esas tonterías»... Inevitablemente, el niño va desconectando esas capacidades.

Creo que la mente es capaz de cosas increíbles. Estoy segura de que yo podría ir perfectamente de Nueva York a Los Ángeles sin avión si supiera desmaterializarme y luego volverme a materializar allí. Aún no sé cómo, pero sé que es posible.

Creo que somos capaces de realizar cosas increíbles, pero aún no tenemos el conocimiento de ello porque no lo emplearíamos para nuestro bien. Probablemente causaríamos daño a los demás con ese conocimiento. Hemos de llegar a un punto en que realmente sintamos el amor incondicional para poder utilizar el otro noventa por ciento de nuestro cerebro.

Caminar sobre el fuego

¿Cuántos de vosotros habéis oído hablar de personas que caminan sobre el fuego? Siempre que hago esta pregunta en mis seminarios se levantan varias manos. Todos sabemos que es absolutamente imposible caminar sobre brasas ardiendo, ¿verdad? Nadie puede hacerlo sin quemarse los pies. Sin embargo, hay personas que lo han hecho, y no son seres extraordinarios; son personas como tú y como yo. Probablemente aprendieron a hacerlo en un seminario de fin de semana que trataba de este tema.

Tengo una amiga, Darby Long, que trabaja con el doctor Carl Simonton, el especialista en cáncer. Organizan seminarios para enfermos de cáncer, los cuales presencian una demostración de caminar por el fuego. Darby lo ha hecho muchas veces e incluso ha guiado a otras personas por encima de las brasas. Siempre pienso en lo increíble que ha de ser para los enfermos de cáncer presenciar y experimentar este proceso. Probablemente les deja asombrados. Después de esta experiencia, su concepto de la limitación debe de ser algo distinto.

Creo que Anthony Robbins, el joven que comenzó con esto de caminar por el fuego en Estados Unidos, está en el planeta para hacer algo realmente extraordinario. Estudió Programación Neurolingüística (PNL), proceso que le permitió observar las pautas de comportamiento de otras personas y luego repetir sus reacciones para producir resultados similares. La PNL se basa en las técnicas de hipnotismo del doctor Milton Erickson, técnicas que fueron observadas y grabadas sistemáticamente por John Grinder y Richard Bandler. Cuando Tony oyó hablar de caminar por el fuego quiso aprenderlo para así poder enseñarlo a otras personas. Un yogui le dijo que eso le llevaría años de estudio y meditación. Pero empleando la Programación Neurolingüística, Tony lo aprendió en unas cuantas horas. Sabía que si él era capaz de hacerlo, cualquier persona era capaz de hacerlo. Se ha dedicado a enseñar a la gente a caminar sobre el fuego, no porque esto sea un fabuloso truco de salón, sino porque les enseña a superar sus limitaciones y temores.

Todo es posible

Repite conmigo: «Vivo y habito en la totalidad de las posibilidades. Donde estoy está todo el bien». Piensa en estas últimas palabras: todo el bien. No algo ni un poquito, sino «todo el bien». Cuando uno cree que todo es posible, se abre a las respuestas en todos los aspectos de su vida.

Donde estamos está la totalidad de las posibilidades Siempre depende de nosotros, individual y colectivamente. O nos rodeamos de muros, o los echamos abajo y nos sentimos lo bastante seguros para abrirnos y dejar entrar todo el bien en nuestra vida. Comienza a observarte con objetividad. Fíjate en lo que pasa en tu interior, en cómo te sientes, cómo reaccionas, en lo que crees; obsérvate sin hacer ningún comentario ni ningún juicio. Cuando logres hacerlo, vivirás tu vida desde la totalidad de las posibilidades.

Quinta parte

Liberar el pasado

*El planeta en su conjunto está
adquiriendo conciencia. Está
tomando conciencia de sí mismo.*

14

Cambio y transición

Algunas personas prefieren abandonar el
planeta antes que cambiar.

Generalmente, lo que deseamos es que cambie «otra persona», ¿verdad? Cuando hablo de «otra persona» incluyo al
gobierno, a las grandes empresas, al jefe, a los compañeros
de trabajo, a Hacienda, a los extranjeros; también me refiero a la escuela, el cónyuge, la madre, el padre, los hijos, etcétera, es decir, a todo el mundo excepto uno mismo. No
queremos cambiar, pero queremos que todos los demás
cambien para que nuestra vida sea diferente. Y sin embargo, como es lógico, cualquier cambio que deseemos que se
dé en nuestra vida tiene que provenir de nuestro interior.
  Cambiar significa liberarnos de los sentimientos de aislamiento, separación, soledad, rabia, temor y dolor; significa crearnos una vida llena de paz, en donde podamos relajarnos y disfrutar de las cosas tal como se nos presentan
sabiendo que todo va a ir bien. A mí me gusta emplear la

afirmación siguiente: «La vida es maravillosa; todo está bien en mi mundo, y siempre avanzo hacia un bien mayor». De esa forma no importa qué dirección tome mi vida porque sé que va a ser maravillosa. Por lo tanto, puedo disfrutar de toda suerte de circunstancias y situaciones.

Una chica que asistía a una de mis charlas estaba pasando por un período de crisis, y la palabra «dolor» surgía a cada instante en la conversación. La joven preguntó si había otra palabra que pudiera emplear. Recordé entonces la ocasión en que me aplasté el dedo al cerrar una ventana de golpe. Yo sabía que si me abandonaba al dolor iba a pasar unos días muy molestos. De modo que comencé inmediatamente un trabajo mental y decidí decir que tenía mucha «sensación» en el dedo. Creo que enfocar lo sucedido de esa manera especial sirvió para curar el dedo con mayor rapidez y para manejar lo que podría haber sido una experiencia muy desagradable. A veces podemos cambiar totalmente una situación si alteramos un poco nuestro pensamiento.

¿Te puedes imaginar el cambio como hacer la limpieza de la casa interior? Si limpias las habitaciones sin prisas, una detrás de otra, finalmente todas estarán limpias. Pero no es necesario haberlo hecho todo para comenzar a ver los resultados. Cambia aunque sea sólo un poco y verás cómo muy pronto empiezas a sentirte mejor.

Era el día de Año Nuevo y yo me encontraba en la iglesia de la Ciencia de la Mente de Los Ángeles, escuchando al reverendo O.C. Smith. Él dijo algo que me hizo pensar:

Es Año Nuevo, pero es preciso que comprendáis que este año que ahora empieza no os va a cambiar, no va a producir ningún cambio en vuestra vida sólo porque sea un nuevo año. La única forma de cambiar es estar dispuestos a entrar en vuestro interior y efectuar el cambio.

Eso es muy cierto. Existe la costumbre de hacer buenos propósitos cuando empieza un año, pero muy pronto se abandonan porque no van acompañados de ningún cambio interior. «No volveré a fumar», dice alguien. De entrada, esta frase es negativa y no le dice al subconsciente lo que ha de hacer. Esta persona podría decir mejor: «Todo deseo de cigarrillo me ha dejado y estoy libre».

Mientras no hagamos cambios interiores, mientras no estemos dispuestos a hacer el trabajo mental, nada exterior cambiará. Sin embargo, los cambios interiores pueden ser increíblemente sencillos porque lo único que verdaderamente necesitamos cambiar son nuestros pensamientos.

¿Qué puedes hacer de positivo por ti este año que no hiciste el año pasado? Tómate un momento y piensa en esta pregunta. De aquello a lo que tanto te aferraste el año pasado, ¿qué te gustaría liberar este año? ¿Qué te gustaría cambiar en tu vida? ¿Estás dispuesto a hacerlo?

Hay muchísima información disponible que te proporcionará algunas ideas una vez que estés dispuesto a cambiar. Es notable cómo el Universo comienza a ayudarte en el momento mismo en que tú te dispones a cambiar. Te ofrece lo que necesitas: un libro, una cinta, un maestro, un amigo incluso que te hace un comentario de pasada que para ti adquiere de pronto un profundo significado.

A veces las cosas empeoran antes de mejorar, y eso está bien porque quiere decir que se está iniciando el proceso.

Los viejos hilos comienzan a desenredarse, de modo que deslízate con ellos. No te asustes ni pienses que tus esfuerzos no dan resultado. Sencillamente continúa trabajando con tus afirmaciones y las nuevas creencias que estás sembrando.

Los progresos

Lógicamente, desde el momento en que decides hacer un cambio hasta que lo haces pasa un período de transición. Estás indeciso entre lo viejo y lo nuevo. Retrocedes y avanzas entre lo que es y lo que querrías que fuera, entre lo que tienes y lo que desearías tener. Es un proceso normal y natural. Muchas veces escucho decir a alguien: «Bueno, todo eso ya lo sé». «¿Y lo haces?», pregunto yo. Saber lo que hay que hacer y hacerlo son dos pasos distintos, lleva su tiempo fortalecerse en lo nuevo y hacer el cambio completo. Hasta entonces es preciso seguir con los esfuerzos y el trabajo por cambiar.

Muchas personas, por ejemplo, hacen sus afirmaciones unas tres veces y luego renuncian. Entonces dicen que las afirmaciones son tonterías, que no funcionan, o cualquier otra cosa. Tenemos que darnos tiempo para practicar; el cambio requiere acción. Como he dicho, lo más importante es lo que se hace después de hacer las afirmaciones.

Mientras pasas por esta etapa de transición, acuérdate de elogiarte por cada paso hacia adelante que das, por pequeño que sea. Si te reprendes por haber dado un paso atrás, entonces el cambio te resultará opresivo. Emplea todos los instrumentos de que puedas echar mano para alejarte de lo viejo y avanzar hacia lo nuevo. Apoya y tranquiliza a tu niño interior asegurándole que está a salvo.

El escritor Gerald Jampolsky dice que amar es abandonar el miedo, y que o bien hay temor o bien hay amor. Si no estamos en el espacio de amor del corazón, es que estamos en el del temor. Todos esos estados de aislamiento, separación, rabia, culpa y soledad forman parte del síndrome del miedo. Es preciso que nos alejamos del temor y entremos en el amor, y hagamos que estar en el amor sea una posición más permanente para nosotros.

Hay diversas formas de cambiar. ¿Qué haces cada día para sentirte a gusto interiormente? Ahora ya sabes que no te conviene culpar a los demás ni sentir que eres una víctima. ¿Qué haces entonces? ¿Cómo experimentas la paz en tu interior y a tu alrededor? Si todavía no la experimentas, ¿estás dispuesto a hacerlo? ¿Estás dispuesto a empezar a crear armonía y paz en tu interior?

He aquí otra pregunta que es preciso que te hagas: «¿Realmente deseo cambiar?». ¿Prefieres continuar lamentándote por lo que no tienes en la vida? ¿O verdaderamente deseas crearte una vida mucho más maravillosa que la que tienes ahora? Si estás dispuesto a cambiar, eres capaz de hacerlo. Si estás dispuesto a realizar el trabajo que ello supone, entonces sin duda alguna puedes mejorar tu vida. Yo no tengo ningún poder sobre ti y no puedo hacerlo en tu lugar. Eres tú quien tiene el poder, y es necesario que te lo recuerdes a cada momento.

Recuerda que mantener la paz interior nos conecta con las personas pacíficas que hay en todo el mundo. La espiritualidad nos comunica a nivel del alma, a todos los que vivimos en este planeta, y este sentido de espiritualidad cósmica que estamos comenzando a experimentar va a hacer que el mundo mejore.

Cuando digo espiritualidad no quiero decir necesariamente «religión». Las religiones suelen decirnos a quién debemos amar, cómo debemos hacerlo y quién es digno de amor. Para mí, todos somos dignos de amor, todos somos «amables». La espiritualidad es nuestra conexión directa con la fuente superior y no necesitamos ningún intermediario para eso. Empieza a comprender que la espiritualidad puede conectarnos a todos en un nivel del alma muy profundo.

Varias veces al día podrías hacer un alto y preguntarte: «¿Con qué tipo de personas me estoy comunicando actualmente?». Pregúntate con regularidad: «¿Qué pienso realmente de estos problemas y situaciones?», y medita sobre ello. Pregúntate: «¿Qué siento? ¿Qué me parece? ¿Realmente deseo hacer lo que me piden estas personas? ¿Por qué lo hago?». Examina tus pensamientos y sentimientos. Sé sincero contigo mismo. Descubre lo que piensas y lo que crees. No funciones con el piloto automático puesto, viviendo rutinariamente: «Yo soy así y esto es lo que suelo hacer». ¿Por qué lo haces? Si no es una experiencia positiva, sustentadora, descubre de dónde viene. ¿Cuándo lo hiciste por primera vez? Ahora ya sabes lo que te conviene hacer. Comunícate con la Inteligencia que llevas dentro.

El estrés, sinónimo de temor

Se habla muchísimo del estrés en estos tiempos. Por lo visto todo el mundo sufre de estrés por algo. Parece ser que esta palabra está de moda y la usamos muchas veces para evadir responsabilidades. «Oh, tengo mucho estrés». «Eso produce estrés».

En mi opinión, el estrés es una reacción de temor ante los cambios constantes de la vida. Es una excusa que damos para no responsabilizarnos de nuestros sentimientos. Si logramos equiparar la palabra «estrés» con la palabra «temor», entonces podremos comenzar a eliminar de nuestra vida la necesidad del miedo.

La próxima vez que pienses en el terrible estrés que tienes, pregúntate qué es lo que te da miedo en esos momentos. Pregúntate: «¿De que manera me estoy sobrecargando y agobiando? ¿Por qué he cedido mi poder?». Descubre qué estás haciendo que te crea ese temor interior y te impide conseguir armonía y paz.

El estrés es carencia de armonía interior, y la armonía interior es estar en paz con uno mismo. No es posible tener estrés y armonía interior al mismo tiempo. Cuando uno está en paz hace una cosa por vez, no permite que las cosas le dominen. Cuando te sientas «estresado» haz algo para liberar el miedo, para poder avanzar por la vida sintiéndote seguro. No emplees la palabra «estrés» para evadir responsabilidades. No des tanto poder a una insignificante palabra. Nada tiene ningún poder sobre ti.

Siempre estamos a salvo

La vida es una serie de puertas que se cierran y se abren. Pasamos de habitación en habitación y tenemos diferentes experiencias. A muchos nos gustaría cerrar puertas sobre viejas pautas de comportamiento negativas, viejos obstáculos, situaciones que ya no nos sirven ni nos nutren. Muchos estamos en el proceso de abrir nuevas puertas y de descubrir nuevas y fabulosas experiencias.

Creo que venimos a este planeta muchísimas veces para aprender diferentes enseñanzas. Es como ir a la escuela. Antes de encarnarnos en un momento determinado en el planeta, decidimos qué enseñanzas vamos a aprender para evolucionar espiritualmente. Al escoger la enseñanza, escogemos también todas las circunstancias y situaciones que nos harán posible aprenderla; en ésas se incluyen nuestros padres, nuestro sexo, nuestro país y nuestra raza. Si has llegado hasta aquí en tu vida, créeme, has tomado todas las decisiones acertadas.

Es esencial que a medida que vas pasando por la vida, vayas recordando que estás a salvo. Sólo se trata de cambios. Confía en que tu Yo Superior te conducirá y te guiará de la forma más conveniente para tu crecimiento espiritual. Como dijo una vez Joseph Campbell: «Sigue a tu felicidad».

Ve cómo abres las puertas de la alegría, la paz, la curación, la prosperidad y el amor; las puertas del entendimiento, la comprensión, la compasión, el perdón y la libertad; las puertas de tu propia valía y tu dignidad, de la autoestima y el amor por ti mismo. Somos eternos. Eternamente continuaremos de experiencia en experiencia. Aun cuando pases por la última puerta de este planeta, no es la puerta final. Es el comienzo de otra nueva aventura.

En último término, no se puede obligar a nadie a cambiar. Puedes ofrecer a otras personas un ambiente mental positivo en donde tengan la posibilidad de cambiar si lo desean. Pero no puedes hacerlo en su lugar. Cada persona está aquí para descubrir sus propias lecciones, y si se las preparas y señalas, finalmente volverán a hacer lo mismo porque no lo habrán aprendido por sí mismas, no habrán descubierto realmente lo que necesitan hacer.

Ama a tus hermanos y hermanas. Permíteles ser quienes son. Date cuenta de que la verdad está siempre dentro de ellos y que pueden cambiar en cualquier momento que lo deseen.

15

Un mundo seguro para amarnos mutuamente

Podemos destruir el planeta, pero también podemos sanarlo. Cada día envía energía sanadora a todo el planeta. Lo que hacemos con nuestra mente tiene muchísima importancia.

El planeta está pasando por una época de cambio y transición. Estamos pasando de un orden viejo a un orden nuevo. Algunas personas dicen que esto comenzó con la Era de Acuario; al menos a los astrólogos les gusta explicarlo de esa manera. Para mí, la astrología, la numerología, la quiromancia y todos los demás métodos que se basan en fenómenos psíquicos son simples formas de explicar la vida. Cada uno lo hace de una forma ligeramente diferente.

Los astrólogos dicen que estamos saliendo de la Era de Piscis y entrando en la de Acuario. Durante la Era de Piscis esperábamos que «otros» nos salvaran, queríamos que otras personas lo hicieran por nosotros. En la Era de

Acuario, en la cual estamos entrando, comenzamos a penetrar en nuestro interior, reconociendo que tenemos la capacidad de salvarnos a nosotros mismos.

¿No es maravillosamente liberador cambiar lo que no nos gusta? En realidad, yo no estoy tan segura de que el planeta esté cambiando; lo que pasa es que nosotros estamos adquiriendo más conciencia y conocimiento. Problemas que estaban allí en el fondo desde hace mucho tiempo empiezan a salir a la superficie; problemas como el de las familias que sufren a causa de la conducta de uno de los miembros, los malos tratos a los niños y los abusos perpetrados contra el planeta mismo.

Como sucede con todo, primero hemos de darnos cuenta de lo que pasa para cambiar las cosas. Cuando queremos cambiar algo en nosotros, hacemos nuestra limpieza mental; es preciso, pues, que hagamos lo mismo con la Madre Tierra.

Estamos comenzando a considerar nuestro planeta como un organismo vivo, completo, como una entidad, como un ser en sí mismo; respira, tiene un corazón que late, cuida de sus hijos, nos provee de todo lo que podamos necesitar. Está totalmente equilibrado. Si pasas un día en el bosque o en algún otro paraje natural, observa cómo todos los sistemas del planeta funcionan perfectamente. La Tierra está organizada y dispuesta para llevar a cabo su existencia en equilibrio y armonía absolutos y perfectos.

Y aquí estamos, la gran humanidad que sabe tanto, haciendo todo lo posible por destruir el planeta, alterando su equilibrio y su armonía. Nuestra ambición es uno de los peores obstáculos. Creemos saber más que la naturaleza, y por ignorancia y ambición estamos destruyendo el organismo vivo del que formamos parte. Si destruimos la Tierra, ¿adónde vamos a ir a vivir?

Cuando hablo con otras personas sobre el hecho de que es necesario que tratemos a nuestro planeta con mayor cariño y más cuidado, se quedan agobiadas por los problemas que estamos descubriendo. Da la impresión de que lo que uno puede hacer no afectará para nada el estado de las cosas. Pero eso no es cierto. Si cada cual contribuyera sólo con un poquito, acabaría siendo muchísimo. Es posible que tú no puedas verlo justo delante de tus ojos, pero créeme, la Madre Tierra lo siente colectivamente.

En nuestro grupo de apoyo para el sida tenemos instalada una pequeña mesa para vender libros. Hace poco se nos acabaron las bolsas, y se me ocurrió guardar las bolsas de papel que iba recibiendo al hacer mis compras. Al principio pensé: «Uy, no vas a tener suficientes bolsas esta semana», pero ¡qué equivocada estaba! Hasta por las orejas me salían bolsas. A uno de mis ayudantes le pasó lo mismo. No tenía ni idea de cuántas bolsas por semana gastaba hasta que se le ocurrió guardarlas. Para la Madre Tierra, eso significa la pérdida de unos cuantos árboles cortados para fabricar algo que se va a utilizar sólo durante un par de horas, porque finalmente acabamos tirando las bolsas a la basura.

Ahora llevo un bolso de tela cuando hago mis compras, y si alguna vez me olvido de llevarlo, en la primera tienda pido una bolsa grande y a medida que voy comprando en otras tiendas voy colocando las cosas allí en lugar de pedir más bolsas. Nadie me mira como si fuera un bicho raro por hacer esto: parece algo muy sensato.

En Europa hace mucho tiempo que utilizan bolsas de compra de tela. Un amigo mío inglés vino a visitarme y le encantaba ir a los supermercados de aquí porque quería llevarse las bolsas de papel. Las encontraba tan norteamericanas y elegantes... Puede que sean una tradición muy «mona», pero la verdad es que tenemos que empezar a pensar a escala mundial y considerar los efectos que tienen en nuestro medio ambiente estas pequeñas tradiciones.

Los norteamericanos sobre todo tenemos una especie de manía con esto del envasado de los productos. Cuando estuve en México hace unos años, visité un mercado tradicional y me quedé fascinada por las frutas y verduras que estaban expuestas sin adornos ni envases especiales. Ciertamente no eran tan «bonitas» como las que tenemos en Estados Unidos, pero a mí me parecieron naturales y sanas. Sin embargo, mis acompañantes las encontraron horribles y poco atractivas.

En otra parte del mercado había cajas grandes de especias en polvo. También me quedé fascinada porque colocadas unas junto a las otras formaban un conjunto colorido y pintoresco. Mis amigos dijeron que jamás comprarían ninguna especia de una caja abierta así. «¿Por qué?», les pregunté. Me contestaron que no era limpio. Volví a preguntarles por qué y entonces la respuesta fue que no estaban envasadas. Me eché a reír. ¿Dónde se pensaban que estaban las especias antes de que las envasaran? Nos hemos acostumbrado tanto a que nos presenten las cosas de cierta forma, que nos resulta difícil aceptarlas si no las vemos envasadas y etiquetadas.

Dispongámonos a ver dónde podemos hacer pequeños ajustes en bien del medio ambiente. Aun cuando lo único que hagas sea ir a comprar llevando contigo una bolsa de tela, o cerrar el grifo mientras te lavas los dientes, ya es una gran contribución.

En mi editorial hacemos todo lo posible por la preservación de la naturaleza. Recogemos todo el papel usado que es reciclable y un encargado lo lleva a la planta de reciclaje. Volvemos a utilizar los sobres acolchados. Siempre que podemos usamos papel reciclado en nuestros libros, aun cuando es un poco más caro. A veces no es posible conseguirlo, pero en todo caso siempre lo pedimos, porque comprendemos que si insistimos en ello, finalmente todos los impresores lo tendrán. Así es como funcionan todos los aspectos de la preservación de la naturaleza. Creando la demanda de algo, ayudamos a sanar al planeta de diferentes formas como poder colectivo.

En casa hago de jardinera orgánica y preparo mi propio abono. Todo resto de vegetal va a parar al montón del abono. Ni una hoja de lechuga ni una hoja de árbol abandona mi propiedad. Soy partidaria de devolver a la tierra lo que se ha sacado de ella. Tengo algunos amigos que incluso me guardan sus restos de verduras. Los van metiendo en una bolsa en el congelador y cuando vienen a verme los echan en mi cubo para el abono. Lo que entra allí como basura sale convertido en rica y nutritiva tierra para mis plantas. Debido a mis prácticas de reciclaje, mi jardín produce abundantemente para cubrir mis necesidades y además es hermoso.

Come alimentos nutritivos

Nuestro planeta está preparado para proporcionarnos sin excepción todo cuanto precisamos. Dispone de todos los alimentos que necesitamos. Si comemos lo que nos proporciona, nos mantendremos sanos porque eso forma parte del plan natural. Sin embargo nosotros, con nuestra «gran inteligencia», hemos creado una gran variedad de comida basura, y luego nos preguntamos por qué nuestra salud no es demasiado buena. Muchas personas siguen una dieta de dientes para afuera. «Sí, ya lo sé», dicen y estiran la mano para agarrar una golosina llena de azúcar. Cuando hace unas dos generaciones aparecieron los primeros platos o alimentos preparados, exclamamos: «¡Ah, qué maravilla!», y después fueron apareciendo otros y otros y otros, hasta que llegamos al punto en que hoy nos encontramos: hay personas en Estados Unidos que jamás han probado un alimento de verdad. Todo está enlatado, procesado, congelado, tratado con productos químicos y, para rematarlo, «microondeado».

No hace mucho leí que los jóvenes que entraban al servicio militar no tenían el sistema inmunitario sano como lo tenían los jóvenes de hace veinte años. Si no le damos a nuestro cuerpo los alimentos naturales que necesita para fortalecerse y curarse, ¿cómo podemos esperar que nos dure toda una vida? A esto añadamos el abuso del tabaco, el alcohol y otras drogas, una dosis de odio a uno mismo, y tenemos las condiciones perfectas para que florezca la enfermedad.

Hace poco tuve una experiencia muy interesante. Me apunté a un cursillo llamado «Curso para el Conductor Responsable». Estaba lleno de personas mayores de 55 años que evidentemente estaban allí para ahorrarse de un tres a un diez por ciento del seguro del coche. Encontré absolutamente fascinante que nos pasáramos toda la mañana hablando de enfermedades, de todas las enfermedades que hay que esperar cuando nos hacemos mayores. Hablamos de enfermedades de la vista, del corazón y de los oídos. Al llegar la hora del almuerzo, el noventa por ciento de esas mismas personas se precipitaron al restaurante de comida rápida más cercano.

«Aún no captamos el mensaje, ¿verdad?», pensé para mis adentros. Mil personas mueren diariamente a causa del tabaco. Eso significa 365.000 personas al año. Tengo entendido que más de 500.000 personas mueren de cáncer cada año.

Un millón de personas mueren de infarto cada año. ¡Un millón de personas! Sabiendo esto, ¿por qué vamos a los restaurantes de comida rápida y prestamos tan poca atención a nuestro cuerpo?

La curación: la nuestra y la del planeta

En esta etapa de transición, uno de los catalizadores ha sido la crisis del sida, que nos muestra cuán poco nos amamos y la cantidad de prejuicios que tenemos. Tratamos con tan poca comprensión y compasión a las personas enfermas de sida. Una de las cosas que verdaderamente me gustaría ver en este planeta y que deseo contribuir a crear, es un mundo en el que podamos amarnos los unos a los otros sin riesgos, con toda confianza.

De pequeños deseábamos ser amados tal como éramos, aun cuando fuéramos demasiado flacos o demasiado gordos, demasiado feos o demasiado tímidos. Hemos venido a este planeta a aprender a amarnos incondicionalmente, primero a nosotros mismos y luego a los demás. Es preciso que dejemos de pensar en términos de «ellos y nosotros», porque eso no existe. Sólo existimos «nosotros». No existe ningún grupo que sea desechable o que se pueda sacrificar o que sea «menos que...».

Cada uno de nosotros tiene una lista de «esas» personas. No podemos ser verdaderamente espirituales mientras haya una persona «de ésas». Muchos nos criamos en familias en las que el prejuicio era algo normal y natural, y cuyos miembros consideraban que un determinado grupo no era bueno. Con el fin de creernos mejores despreciábamos al otro grupo. Sin embargo, mientras decimos que otra persona no es buena o no vale lo suficiente, lo que realmente hacemos es reflejar que «nosotros» no somos buenos o valiosos. Recuerda: todos somos espejos de todos.

Recuerdo el día en que me invitaron al *Show de Oprah Winfrey*. Aparecí en televisión con cinco personas enfermas de sida a las que les iba muy bien en su proceso de curación. Los seis nos habíamos reunido a cenar la noche anterior. Fue una reunión increíblemente poderosa. Cuando nos sentamos a cenar la energía era extraordinaria. Yo me eché a llorar porque esto era algo por lo que luchaba desde hacía años: entregar un mensaje positivo al público norteamericano, un mensaje de esperanza. Estos enfermos de sida se estaban curando a sí mismos, y no era fácil. Los médicos les habían dicho que iban a morir; sin embargo, ellos experimentaban con diferentes métodos y estaban dispuestos a superar sus propias limitaciones.

Grabamos el programa al día siguiente y fue muy hermoso. Yo estaba contenta de que también estuvieran representadas las mujeres enfermas de sida. Deseaba que Norteamérica abriera su corazón y comprendiera que el sida no sólo afecta a personas que a la sociedad en general no le importan. Afecta a todo el mundo. Cuando salía, Oprah me dijo: «Louise, Louise, Louise», se me acercó y me dio un apretado abrazo.

Creo que ese día hicimos llegar un mensaje de esperanza. He oído decir al doctor Bernie Siegel que de cada forma de cáncer hay alguien que se ha autocurado. De modo que siempre hay esperanza, y la esperanza nos da posibilidades. Hay algo por lo cual trabajar en lugar de agarrarnos la cabeza con las manos y decir que no hay nada que hacer.

El virus del sida está simplemente siendo lo que es. Se me parte el corazón al pensar que habrá cada vez más personas heterosexuales que van a morir del sida porque el gobierno y la medicina no están actuando con la suficiente rapidez. Mientras se lo considere una enfermedad de homosexuales no recibirá la urgente atención que requiere, de modo que ¿cuántas personas heterosexuales tendrán que morir para que se lo considere una enfermedad legítima?

Pienso que cuanto más pronto dejemos de lado nuestros prejuicios y trabajemos por una solución positiva a la crisis, más pronto sanará todo el planeta. Sin embargo, no podemos sanar el planeta si permitimos que sufra la gente. En mi opinión, el sida forma parte de la contaminación del planeta. ¿Sabías que los delfines de las costas de California están muriendo de enfermedades de inmunodeficiencia? Yo no creo que eso se deba a sus prácticas sexuales. Hemos contaminado nuestras tierras hasta el punto de que gran parte de la producción agrícola no es apta para el consumo. Estamos matando a los peces en nuestros mares. Estamos contaminando el aire, de modo que ahora hay lluvia ácida y un agujero en la capa de ozono. Y continuamos contaminando nuestros cuerpos.

El sida es un mal-estar terrible; sin embargo, el número de personas que mueren de sida es menor que el de personas que mueren de cáncer, de un infarto o por causa del tabaco. Buscamos venenos cada vez más potentes para eliminar las enfermedades que creamos, pero no queremos cambiar nuestro estilo de vida ni nuestra alimentación. Preferimos tomar algún fármaco o someternos a una operación quirúrgica, que sanar. Cuanto más reprimidos, más problemas se manifiestan de otras formas. La medicina y la cirugía sólo se ocupan del diez por ciento de todas las enfermedades: parece increíble pero es cierto. Con todo el dinero que gastamos en productos químicos, radiaciones y cirugía, resulta que todo esto sólo cura el diez por ciento de nuestras enfermedades.

Leí en un artículo que las enfermedades del próximo siglo estarán causadas por nuevas cepas de bacterias que afectarán a nuestro debilitado sistema inmunitario. Estas cepas de bacterias han comenzado a mutarse de modo que los fármacos que tenemos ahora no tendrán ningún efecto sobre ellas. Evidentemente, cuanto más fortalezcamos nuestro sistema inmunitario, con mayor rapidez nos sanaremos a nosotros mismos y sanaremos el planeta. Y no me refiero sólo al sistema inmunitario físico, sino también a nuestros sistemas inmunitarios mental y emocional.

Creo que la curación y la sanación producen dos resultados diferentes. La sanación es el producto de un trabajo de equipo. Quizá esperas que sea el médico quien te sane; él o ella puede tratar los síntomas, pero eso no sana el problema. Si quieres sanar es necesario que formes parte del equipo, junto con el médico y el resto de los profesionales sanitarios. Hay muchos médicos holistas que no sólo te tratan físicamente sino que te ven como a una persona completa.

Hemos vivido con sistemas de creencias erróneos, no sólo individuales sino también sociales. Hay personas que dicen que en su familia hay problemas de oído. Otras creen que si salen a la calle cuando está lloviendo cogerán un resfriado, o que se resfrían tres veces cada invierno. O cuando alguien se resfría en la oficina, todo el mundo se resfría porque el resfriado es contagioso. «Contagioso» es una idea, y las ideas son contagiosas.

Muchas personas dicen que hay enfermedades hereditarias. Yo no creo que sea necesariamente así. Pienso que heredamos las pautas mentales de nuestros padres. Los niños se dan cuenta de todo. Comienzan a imitar a sus padres, hasta en sus enfermedades. Si el padre sufre de estreñimiento cada vez que se enfada, al niño también le sucede. Y no es nada raro que si después el padre tiene colitis, el niño también tenga colitis. Todo el mundo sabe que el cáncer no es contagioso, ¿por qué, pues, se propaga en las familias? Porque el rencor se propaga en las familias. El rencor se acumula y se acumula hasta que finalmente hay cáncer.

Debemos estar atentos a todo para tomar decisiones conscientes e inteligentes. Puede que algunas cosas nos horroricen, lo cual forma parte del proceso de despertar, pero podemos hacer algo para solucionarlas. Todo en el Universo, desde los malos tratos a los niños y el sida hasta el problema de las personas sin hogar y que se mueren de hambre, necesita nuestro amor. Un niño pequeño que es amado y valorado se convertirá en un adulto fuerte y con seguridad en sí mismo. El planeta, que tiene de todo para nosotros y para la vida, nos cuidará si le permitimos ser él mismo. No pensemos en nuestras limitaciones pasadas.

Abrámonos al potencial de esta década increíble. Podemos hacer de estos diez últimos años del siglo una época de curación. Tenemos el poder dentro de nosotros para que nos limpie, para que limpie nuestro cuerpo, nuestras emociones y todos los diversos desastres que hemos hecho. Podemos mirar a nuestro alrededor y ver qué necesita cuidado. La forma en que elijamos vivir tendrá un enorme impacto en nuestro futuro y en nuestro mundo.

Por el mayor bien de todos

Puedes utilizar este tiempo para aplicar a todo el planeta tus métodos de crecimiento personal. Si sólo haces cosas por el planeta y no por ti, entonces no estás en equilibrio. Y si sólo trabajas para ti y para nadie más, tampoco estás en equilibrio.

De manera que veamos cómo podemos equilibrarnos a nosotros mismos y equilibrar el medio ambiente. Sabemos que nuestros pensamientos conforman y crean nuestra vida. No siempre vivimos totalmente esta filosofía, pero aceptamos la premisa fundamental. Si deseamos cambiar nuestro mundo inmediato, es preciso que cambiemos nuestros pensamientos. Si deseamos cambiar el mundo más grande que nos rodea, necesitamos cambiar nuestros pensamientos acerca de él y dejar de considerarlo como un mundo de «ellos y nosotros».

Si todo el esfuerzo que ponemos en quejarnos de lo que está mal en el mundo lo aplicáramos a hacer afirmaciones y visualizaciones positivas, comenzaríamos a cambiar las cosas. Recuerda que cada vez que empleas tu mente conectas con personas de igual mentalidad. Si juzgas, criticas y tienes prejuicios, conectas con todas las demás personas que hacen lo mismo. Si meditas, si visualizas la paz, si te amas a ti mismo y amas el planeta, conectas con todas las demás personas que hacen lo mismo. Puedes estar en tu casa y postrado en cama y seguir sanando el planeta por la forma en que usas tu mente, practicando la paz interior. Una vez escuché decir a Robert Schuller, de las Naciones Unidas: «La especie humana necesita saber que nos merecemos la paz». Qué ciertas son estas palabras.

Si logramos hacer que nuestros jóvenes se den cuenta de lo que pasa en el mundo y que vean las diferentes opciones que tienen, entonces verdaderamente empezaremos a comprobar un cambio de conciencia. Mostrar a nuestros hijos desde muy pequeños los esfuerzos que se hacen para preservar la naturaleza, es una forma de reafirmarles que se está haciendo un trabajo importante. Aunque muchos adultos aún no se responsabilicen de lo que pasa a su alrededor, podemos asegurar a nuestros hijos que en todo el mundo la gente está tomando cada vez más conciencia de los efectos a largo plazo de la contaminación, y que muchas personas están luchando por cambiar la situación. Participar como familia en organizaciones ecológicas como *Greenpeace o Earthsave* es maravilloso, porque jamás es demasiado pronto para que los niños aprendan que todos somos responsables de nuestro planeta.

Te recomiendo que leas el libro de John Robbins *Diet*

For A New America [Dieta para una Nueva América]. Me parece realmente interesante que John Robbins, heredero de la empresa de helados Baskin Robbins, esté haciendo todo cuanto puede por crear un planeta holista y pacífico. Es fabuloso saber que algunos de los hijos de personas que explotan la riqueza de la nación están haciendo cosas para sanar el planeta.

Los grupos de voluntarios también son útiles para tomar el relevo allí donde no lo hace el gobierno. Si el gobierno no colabora en sanar el planeta, no podemos quedarnos cruzados de brazos esperando. Tenemos que unirnos a nivel de base popular y encargarnos nosotros de ello. Todos podemos hacer nuestra parte. Empieza por descubrir dónde puedes ser de utilidad. Ofrécete de voluntario donde puedas. Contribuye con una hora al mes si no puedes dar más.

Definitivamente estamos en la vanguardia de las fuerzas que van a ayudar a sanar el planeta. Estamos en un punto ahora mismo en que tanto podemos destruir a la humanidad entera como sanar el planeta. No depende de «ellos», depende de nosotros, individual y colectivamente.

Veo que tenemos la oportunidad de combinar las tecnologías del pasado y del futuro con las verdades espirituales de ayer, hoy y mañana. Es hora de que estos elementos se unan. Mediante la comprensión de que los actos de violencia los cometen personas que son niños traumatizados, podríamos combinar nuestros conocimientos y nuestra tecnología para ayudarles a cambiar. No perpetuemos la violencia iniciando guerras o metiendo a personas en prisión y luego olvidándonos de ellas. En lugar de eso, fomentemos la conciencia de nosotros mismos, la autoestima y el amor. Los instrumentos para la transformación están disponibles; sólo tenemos que utilizarlos.

Lazaris tiene un hermoso ejercicio que me gustaría compartir contigo. Escoge un lugar del planeta. Puede ser cualquier sitio, muy lejos o a la vuelta de la esquina, algún lugar que te gustaría contribuir a sanar. Imagínate ese lugar muy tranquilo, con personas bien alimentadas y bien vestidas que llevan una vida de paz y seguridad. Cada día tómate un momento e imagínatelo.

Pon a trabajar tu amor para sanar el planeta. Eres importante. Compartiendo tu amor y los magníficos dones que tienes en tu interior comenzarás a cambiar la energía en este hermoso y frágil planeta que llamamos nuestro hogar.

¡Y así es!

Epílogo

Recuerdo cuando yo no sabía cantar. Todavía no sé hacerlo muy bien, pero me lanzo, soy más valiente. Dirijo las canciones al final de mis talleres y en los grupos de apoyo. Tal vez algún día tomaré clases de canto y aprenderé, pero aún no he tenido tiempo de hacerlo.

Durante un encuentro comencé a dirigir una canción, y el encargado del sistema de sonido me desconectó el micrófono.

—¿Qué hace? —exclamó mi asistente, Joseph Vattimo.

—Desafina mucho —dijo el hombre.

Fue una situación tremendamente embarazosa. En realidad, ahora ya no me importa. Sencillamente canto con todo el·corazón, y al parecer esto me lo abre un poquitín más.

He tenido experiencias extraordinarias en mi vida, y la que ha abierto más profundamente mi corazón ha sido trabajar con enfermos de sida. Ahora puedo abrazar a personas que hace unos tres años ni siquiera habría mirado. He superado en grado sumo mis propias limitaciones personales. En recompensa por eso he encontrado mucho amor;

donde quiera que vaya, la gente me ofrece amor en abundancia.

En octubre de 1987, Joseph y yo fuimos a Washington a participar en una marcha para pedir ayuda del gobierno para combatir el sida. No sé cuántas personas saben lo del «edredón del sida». Es bastante increíble. Muchas, muchísimas personas de todas partes del país se reunieron; cada una de ellas había confeccionado un trozo de edredón en conmemoración de alguien que hubiera muerto de sida. Todos estos trozos están hechos con muchísimo amor y se han unido a trozos traídos de todas partes del mundo para formar un gigantesco edredón.

Cuando estuvimos en Washington, el edredón se dividió en partes que se desplegaron entre los monumentos a Washington y Lincoln. A las seis de la mañana comenzamos a leer los nombres de las personas que aparecían en el edredón. Mientras lo hacíamos, la gente desplegaba un trozo y lo colocaba junto a los otros. Fue un momento muy emotivo, como te podrás imaginar. Todo el mundo lloraba.

Yo estaba de pie con mi lista, esperando para leer, cuando sentí una palmadita en el hombro y alguien que me decía:

—¿Puedo hacerle una pregunta, por favor?

Yo me volví y el joven que me había hablado miró mi tarjeta de identificación.

—¡Louise Hay! —gritó—. ¡Dios mío! —se echó en mis brazos preso de un ataque de histeria.

Nos quedamos abrazados y él sollozaba sin parar. Finalmente pudo contener los sollozos y me contó que su compañero había leído muchas veces mi libro, y que cuando estaba a punto de morir le había pedido que le leyera uno de los tratamientos. Él se lo leyó lentamente mientras su compañero leía con él. Las últimas palabras que pronunció fueron: «Todo está bien», y murió.

Y allí estaba yo, frente a él. Se sentía profundamente conmovido. Cuando vi que ya estaba más calmado le pregunté:

—¿Pero qué era lo que querías preguntarme?

Por lo visto no había alcanzado a terminar su trozo de edredón a tiempo y deseaba que yo añadiera el nombre de su compañero a la lista. Me escogió a mí por casualidad. Recuerdo muy bien ese momento porque me demostró que la vida es en realidad muy sencilla y las cosas realmente importantes también lo son.

Deseo compartir contigo una cita de Emmet Fox, que, por si no lo conoces, fue un profesor muy popular en los años cuarenta, cincuenta y comienzo de los sesenta, y además uno de los más lúcidos que he conocido. Ha escrito hermosos libros, y éstas son unas palabras suyas que me gustan mucho:

> No hay dificultad que suficiente amor no venza. No hay enfermedad que suficiente amor no cure. No hay puerta que suficiente amor no abra. No hay muro que suficiente amor no derribe. Y no hay ningún pecado que suficiente amor no redima. No importa lo profundamente asentado que esté el problema ni lo desesperanzador que parezca. No importa lo enredada que esté la maraña ni lo enorme que sea el error. La comprensión del amor lo disolverá todo. Y si tú pudieras amar lo suficiente, serías la persona más feliz y poderosa del mundo.

Esto es verdad, ¿sabes? Es maravilloso y es cierto. ¿Qué necesitas hacer para llegar a ese espacio donde podrías ser la persona más feliz y poderosa del mundo? Creo que el viaje hacia ese espacio interior está sólo iniciándose.

Estamos comenzando a enterarnos del Poder que tenemos dentro. No lo vamos a encontrar si nos contraemos. Si nos abrimos, hallaremos las energías del Universo disponibles para asistirnos. Somos capaces de hacer cosas increíbles.

Haz unas cuantas inspiraciones. Abre tu pecho y deja espacio para que tu corazón se dilate. No ceses de practicar, y tarde o temprano las barreras comenzarán a caer. Hoy es tu punto de partida.

Recibe todo mi amor

Louise L. Hay

Apéndice

Meditaciones para la curación personal y planetaria

Date las gracias por estar centrado cuando a tu alrededor hay un terrible caos. Date las gracias por tener valor y por estar haciendo mucho más de lo que te creías capaz.

El trabajo de sanación que realizamos al final de nuestros talleres y de las reuniones de nuestros grupos de apoyo es muy poderoso. Generalmente nos dividimos en grupos de tres y hacemos unos con otros una forma de imposición de manos. Es una maravillosa manera de aceptar y compartir la energía con muchas personas que de un modo u otro son reacias a pedir ayuda. Suelen ocurrir profundas experiencias.

Me gustaría compartir contigo algunas de las meditaciones que hacemos en los círculos de sanación. Sería fabuloso que todos las hiciéramos regularmente, solos o en grupo.

CARICIAS PARA EL NIÑO INTERIOR

Contempla a tu niño interior de la forma que te sea posible y observa qué aspecto tiene y cómo se siente. Tranquilízalo y consuélalo. Pídele disculpas. Dile cuánto lamentas haberlo tenido abandonado. Has estado alejado de él durante demasiado tiempo y ahora deseas compensarlo. Prométele que nunca jamás volverás a abandonarlo. Dile que siempre que lo desee puede acercarse a ti, que tú estarás allí para él. Si está asustado, abrázalo. Si está enfadado, dile que está muy bien que exprese su enfado. Y, sobre todo, dile que lo amas muchísimo.

Tienes el poder necesario para contribuir a crear el mundo en que tú y tu niño deseáis vivir. Tienes el poder de tu mente y de tus pensamientos. Mira cómo vas creando un mundo fabuloso. Mira a tu niño relajado, seguro, tranquilo y feliz, riendo y jugando con sus amigos, corriendo libremente, tocando las flores, abrazado a un árbol, cogiendo una manzana del árbol y comiéndosela encantado, jugando con su perro o su gato, balanceándose agarrado de una rama de árbol, riendo alegremente y corriendo hacia ti para abrazarte.

Contempla cómo los dos estáis sanos y vivís en una casa hermosa y segura, cómo os lleváis maravillosamente bien con vuestros padres, amigos y compañeros de trabajo, cómo os reciben con alegría dondequiera que vayáis. Entre los dos hay un amor especial. Mira el lugar donde deseas vivir y el trabajo que te gustaría tener. Mira a los dos sanos, muy sanos, alegres y libres. Y así es.

UN MUNDO SANO

Imagínate el mundo como un lugar fabuloso para vivir. Mira cómo todos los enfermos se curan y las personas sin hogar son bien atendidas. Mira cómo los mal-estares se convierten en cosa del pasado, y los hospitales en edificios de apartamentos. Mira cómo a los presos se les enseña a amarse a sí mismos y se les deja en libertad como ciudadanos responsables. Mira cómo las iglesias eliminan el pecado y la culpa de sus enseñanzas. Mira cómo los gobiernos realmente cuidan de la gente.

Sal a la calle y siente cómo cae la limpia lluvia. Cesa de llover y aparece un hermoso arco iris. Observa cómo brilla el sol y el aire está limpio y claro. Aspira su frescura. Ve cómo el agua resplandece y chisporrotea limpia en los ríos, riachuelos y lagos. Fíjate en la esplendorosa y exuberante vegetación. Los bosques están llenos de árboles; las flores, las frutas y las verduras son abundantes en todas partes. Ve cómo la gente se cura de sus mal-estares y la enfermedad se transforma en un recuerdo.

Vete a otros países y observa que hay paz y abundancia para todos. Contempla la armonía que reina en todas partes cuando deponemos las armas. Los juicios, las críticas y los prejuicios se vuelven arcaicos y se borran de la memoria. Ve cómo se derrumban las fronteras y desaparece la separación. Ve cómo todos nos hacemos uno. Mira a nuestra Madre Tierra, sana e íntegra.

Estás creando un nuevo mundo en este mismo momento, simplemente al usar tu mente para imaginártelo. Somos poderosos, somos importantes. Contamos. Vive tu visión. Sal y haz lo que puedas para conseguir que esta visión se convierta en realidad. Dios nos bendiga a todos. Y así es.

TU LUZ SANADORA

Mira en lo más profundo, al centro de tu corazón, y descubre ese pequeño puntito de luz vivamente coloreada. Es un color hermosísimo. Se trata del centro mismo de tu amor y tu energía sanadora. Observa cómo comienza a latir este pequeño puntito de luz, y cómo a medida que late va creciendo hasta llenar tu corazón. Ve cómo se mueve esta luz a través de tu cuerpo, desde la parte superior de la cabeza hasta las puntas de los pies y hasta las puntas de los dedos de las manos. Ahora eres un ser que resplandece con esta hermosa luz de color. Eres tu amor y tu energía sanadora. Todo tu cuerpo vibra con esta luz. Di: «A cada respiración que hago, estoy más y más sano».

Siente cómo esta luz limpia tu cuerpo de la enfermedad permitiendo así que retorne la salud. Permite que esta luz empiece a irradiar desde ti en todas direcciones, que acaricie a las personas que te rodean. Que tu energía sanadora toque a todos aquellos que sabes que la necesitan. Qué privilegio compartir tu amor, tu luz y tu energía sanadora con las personas que necesitan curación. Haz que tu luz entre en los hospitales, sanatorios, orfanatos, prisiones, hospitales psiquiátricos y otras instituciones de desesperación. Que tu luz lleve esperanza, conocimiento y paz.

Haz que tu luz penetre en toda casa de tu ciudad donde hay sufrimiento y dolor. Que tu amor, tu luz y tu energía sanadora lleven consuelo a aquellos que lo necesitan. Entra a las iglesias y ablanda los corazones de los que las dirigen para que actúen verdaderamente movidos por el amor incondicional. La hermosa luz que proviene de tu corazón entra en la sede del gobierno llevando claridad, conocimiento y el mensaje de la verdad. Que pase por todas las sedes de todos los gobiernos. Elige un lugar del planeta al que te gustaría contribuir a sanar. Concentra tu luz en ese lugar. Puede ser un lugar muy lejano o que está a la vuelta de la esquina. Concentra tu amor, tu luz y tu energía sanadora en ese lugar y ve cómo se equilibra y armoniza. Ve cómo está completo, sano, íntegro. Tómate un momento cada día para enviar tu amor, tu luz y tu energía sanadora a ese determinado lugar del planeta. Somos la gente. Somos los niños. Somos el mundo. Somos el futuro. Lo que damos vuelve a nosotros multiplicado. Y así es.

RECIBAMOS LA PROSPERIDAD

Tomemos conciencia de algunas cualidades positivas que tenemos. Nos abrimos para recibir ideas nuevas y maravillosas. Aceptamos que entre la prosperidad en nuestra vida como jamás había entrado antes. Nos merecemos lo mejor y estamos dispuestos a aceptarlo. Nuestros ingresos van en constante aumento. Nos alejamos de los pensamientos de pobreza y entramos en los de prosperidad. Nos amamos a nosotros mismos. Nos regocijamos por ser quienes somos, sabemos que la vida está aquí para nosotros y que nos proporcionará todo lo que necesitemos. Vamos de éxito en éxito, de alegría en alegría, y de abundancia en abundancia. Somos uno con el Poder que nos ha creado. Expresamos la grandeza de lo que somos. Somos divinas y magníficas expresiones de la Vida; estamos abiertos y receptivos a todo bien. Y así es.

BIENVENIDA AL NIÑO

Colócate la mano sobre el corazón y cierra los ojos. Ahora permítete no solamente ver sino ser tu niño interior. Por tu voz hablan tus padres que le dan la bienvenida a su llegada al mundo y a su vida. Escúchales decir:

> Nos sentimos tan felices de que hayas venido. Te hemos estado esperando. Hemos deseado tanto que vinieras a formar parte de nuestra familia. Eres muy importante para nosotros. Nos sentimos felices de que seas un niño. Nos sentimos felices de que seas una niña. Amamos lo único y especial que hay en ti. La familia no sería la misma sin ti. Te amamos. Queremos abrazarte. Deseamos ayudarte a crecer para que seas lo que eres capaz de ser. No tienes por qué ser como nosotros. Has de ser tú mismo. Eres tan hermoso, tan inteligente, tan creativo. Es un placer tan grande para nosotros tenerte aquí. Te amamos más que a nada en el mundo. Gracias por escoger a nuestra familia. Eres bienaventurado y nos bendices al venir. Te amamos. Realmente te amamos.

Que tu niño pequeño asimile estas palabras como verdaderas. Procura disponer de un momento cada día para abrazarte y decirte estas palabras. Puedes decírtelas mirándote al espejo. Puedes decírtelas abrazando a un amigo.

Dite a ti mismo todas las cosas que deseabas que tus padres te dijeran. Tu niño pequeño necesita sentirse amado y deseado. Dale lo que necesita. No importa la edad que tengas, ni si estás enfermo o asustado, tu niño pequeño necesita sentirse amado y deseado. Recítale a menudo: «Te deseo y te amo». Esto es verdad también para ti. El Universo te desea aquí y ése es el motivo de que estés aquí.

Siempre has sido amado y siempre los serás, durante toda la eternidad. Puedes vivir feliz eternamente.

Y así es.

AMAR ES SANAR

El amor es la fuerza sanadora más poderosa que existe. Me abro al amor. Quiero amar y ser amado. Veo cómo prospero. Me veo sano. Me veo realizado creativamente. Vivo seguro y en paz.

Envía pensamientos de bienestar, aceptación, apoyo y amor a todas las personas que conozcas. Ten presente que por el hecho de enviar estos pensamientos también tú los recibirás.

Envuelve a tu familia en un círculo de amor, a todos sus miembros, estén vivos o no. Incluye también a tus amigos, a tus compañeros de trabajo, a todas las personas de tu pasado y a todas las personas a las que quisieras perdonar pero no sabes cómo.

Envía amor a todos los enfermos de sida y cáncer, a amigos y parejas, al personal de los hospicios, a los médicos, enfermeros, terapeutas alternativos, asistentes sociales... Hemos de ver un final para el sida y el cáncer. Con los ojos de tu mente contempla un titular que dice: DESCUBIERTO UN REMEDIO PARA EL CÁNCER. DESCUBIERTO UN REMEDIO PARA EL SIDA.

Entra en este círculo de amor. Perdónate. Afirma que las relaciones que tienes con tus padres son maravillosas y armoniosas, basadas en el respeto mutuo.

Que el círculo de amor envuelva todo el planeta y que tu corazón se abra para que puedas encontrar en tu interior ese lugar donde guardas el amor incondicional. Ve cómo todo el mundo vive con dignidad, en paz y con alegría.

Eres digno de amor. Eres una persona. Eres poderoso. Te abres a todo bien. Y así es.

SOMOS LIBRES PARA SER NOSOTROS MISMOS

Con el fin de estar completos, debemos aceptarnos totalmente. De modo que abre tu corazón y deja mucho espacio allí para todas tus partes, aquellas de las que te sientes orgulloso y aquellas de las que te avergüenzas, las partes que rechazas y las que amas. Todas son tuyas. Eres una persona hermosa. Todos lo somos. Cuando nuestro corazón está lleno de amor por nosotros mismos, entonces tenemos mucho amor para compartir con los demás.

Ahora este amor llena tu habitación e impregna a todas las personas que conoces. Pon a todas las personas que desees en el centro de tu habitación para que puedan recibir el amor que desborda de tu corazón, desde tu propio niño interior al de todas ellas. Ahora ve cómo todos los niños interiores de todas las personas bailan como bailan los niños, saltando y gritando y haciendo volteretas en todas direcciones, locos de alegría, expresando lo mejor del niño interior.

Tu niño juega con los demás. Tu niño baila. Tu niño se siente seguro y libre. Tu niño es todo lo que siempre deseaste ser. Estás completo, sano, íntegro, eres perfecto, y todo está bien en tu maravilloso mundo. Y así es.

COMPARTE TU ENERGÍA SANADORA

Agita ambas manos y luego júntalas y frótatelas. Después comparte la energía de tus manos con el hermoso ser que tienes delante. Es un honor y un privilegio tan grandes compartir la energía sanadora con otro ser humano. Es algo muy sencillo de hacer.

Siempre que te encuentres con amigos podéis pasar un rato compartiendo energía sanadora. Necesitamos dar y recibir de formas sencillas y significativas. El contacto dice: «Me preocupo». Tal vez no seamos capaces de solucionar nada, pero nos preocupamos. «Estoy aquí por ti y te quiero». Juntos podemos encontrar las respuestas.

Todo mal-estar llega a su fin. Toda crisis llega a su fin. Siente la energía sanadora. Haz que esa energía, esa inteligencia, ese conocimiento despierten en nosotros. Merecemos sanar. Merecemos estar completos. Merecemos conocernos y amarnos tal como somos. El amor divino siempre ha satisfecho y siempre satisfará toda necesidad humana. Y así es.

UN CÍRCULO DE AMOR

Contémplate de pie en un espacio muy seguro. Libera tus cargas, pesares y temores. Libera todas las adicciones y pautas negativas del pasado. Ve cómo se desprenden de ti. Después mírate de pie en tu lugar seguro con los brazos abiertos y diciendo: «Estoy abierto y receptivo a _____».

Aquí declara lo que deseas. No lo que *no* deseas, sino lo que *sí* deseas. Y date cuenta de que es posible. Contémplate íntegro y sano, en paz, repleto de amor.

Lo único que necesitamos es una idea para cambiar nuestra vida. En este planeta podemos estar dentro de un círculo de odio o dentro de un círculo de amor y curación. Escojo estar en un círculo de amor, y creo que todos desean lo mismo. Deseamos expresarnos creativamente de formas satisfactorias, gratificantes. Deseamos estar en paz y a salvo.

En este espacio, siente tu conexión con el resto del mundo. Que el amor que hay en ti vaya de corazón a corazón. El amor sale de ti, y tú sabes que se te devuelve multiplicado. «Envío pensamientos de bienestar a todo el mundo y sé que esos pensamientos volverán a mí.» Ve cómo el mundo se transforma en un increíble círculo de luz. Y así es.

MERECEMOS AMOR

No es necesario que nos lo creamos todo. En el momento y el lugar perfectos, lo que necesitemos subirá a la superficie. Cada uno de nosotros tiene la capacidad de amarse más. Cada uno de nosotros merece ser amado. Merecemos vivir bien, estar sanos, amar y ser amados, prosperar... Y el niño pequeño merece crecer para llevar una vida maravillosa, absolutamente maravillosa.

Contémplate rodeado por el amor, feliz, sano y completo. Ve tu vida tal como te gustaría que fuera, en sus más mínimos detalles. Te lo mereces. Después coge el amor de tu corazón y haz que fluya llenando tu cuerpo con su energía sanadora.

Tu amor fluye por la habitación y por toda la casa hasta que te encuentras dentro de un inmenso círculo de amor. Siente cómo circula el amor, y así como sale de ti, vuelve. El amor es la fuerza sanadora más poderosa que hay. Haz que circule una y otra vez. Deja que lave tu cuerpo. Eres amor. Y así es.

UNA NUEVA DÉCADA

Ve cómo se abre una nueva puerta hacia una década llena de curación, de la curación que no llegamos a entender en el pasado. Estamos en el proceso de aprender las increíbles capacidades que tenemos dentro. Estamos aprendiendo a comunicarnos con aquellas partes de nosotros que tienen las respuestas y que están ahí para conducirnos y guiarnos de la forma más conveniente hacia nuestro mayor bien.

De modo, pues, que veamos abrirse esta nueva puerta de par en par y veámonos pasando a través de ella para descubrir la curación de muchas, muchísimas y diferentes formas. Porque sanar no significa lo mismo para todo el mundo. Muchas personas necesitan curar su cuerpo. Algunas necesitan sanar su corazón, o su mente. De modo que abrámonos para recibir la curación que cada cual necesita individualmente. Abramos de par en par la puerta del crecimiento personal y atravesemos su umbral, sabiendo que estamos a salvo. Es sólo un cambio. Y así es.

ESPÍRITU SOY

Nosotros somos los únicos que podemos salvar el mundo. Al unirnos por una causa común encontramos las respuestas. Siempre hemos de recordar que hay una parte de nosotros que es mucho más que nuestro cuerpo, mucho más que nuestra personalidad, mucho más que nuestro mal-estar y mucho más que nuestro pasado. Hay una parte de nosotros que es mucho más que nuestras relaciones. Nuestro centro es puro espíritu. Siempre ha existido y siempre existirá.

Estamos aquí para amarnos a nosotros mismos, y para amarnos los unos a los otros. Al hacerlo encontraremos las respuestas para sanarnos y sanar el planeta. Vamos hacia tiempos extraordinarios. Están cambiando muchísimas cosas. Es posible que ni siquiera conozcamos la profundidad de los problemas. Pero vamos nadando lo mejor que sabemos. Esto también pasará y encontraremos soluciones.

Somos espíritu. Y somos libres. Nos comunicamos en un plano espiritual porque sabemos que ese plano nunca nos lo podrán quitar. Y en el plano espiritual todos somos uno. Somos libres. Y así es.

UN MUNDO SEGURO

Tal vez os gustaría cogeros de la mano, cada cual con las personas que están a su lado. Hemos tocado muchos temas y cada uno de nosotros ha dicho algo que nos viene bien a todos. Hemos hablado de cosas negativas y de cosas positivas. Hemos hablado de miedos y de frustraciones, y de lo mucho que nos cuesta acercarnos a alguien y decirle simplemente «Hola». Muchos de nosotros aún no estamos seguros de ser capaces de cuidar de nosotros mismos. Y nos sentimos perdidos y solos.

Sin embargo, llevamos algún tiempo trabajando en nosotros mismos y hemos notado que nuestra vida está cambiando. Muchos de los problemas del pasado ya no lo son. No se cambia de la noche a la mañana, pero si insistimos y perseveramos, sí que ocurren cosas positivas.

De modo que compartamos la energía y el amor que poseemos con las personas que están a nuestro lado. Sabemos que cuando damos de nuestro corazón también recibimos de otros corazones. Abramos nuestro corazón para poder acoger a todos los que se encuentran en esta habitación con amor, interés y apoyo. Llevemos ese amor a la gente de la calle que no tiene hogar ni un sitio a donde ir. Compartamos nuestro amor con aquellos que están enfadados, asustados y doloridos. Con todos y cada uno. Con todos aquellos que se niegan. Con las personas que están en el proceso de abandonar el planeta y con las que ya se han ido.

Compartamos nuestro amor con todos, lo acepten o no. No hay nada que pueda dañarnos si nuestro amor es rechazado. Abracemos a todo el planeta en nuestro corazón, a los animales, y a las plantas, y a todas las personas, también a aquéllas con las que estamos enfadados o que nos frustran, que no hacen las cosas a nuestro modo o que expresan lo que llamamos maldad. Dejemos que también ellas entren en nuestro corazón, para que, gracias a ese sentimiento de seguridad, puedan comenzar a reconocer quiénes son realmente.

Mira cómo estalla la paz en todo el planeta. Date cuenta de que en este preciso momento estás contribuyendo a lograr la paz. Regocíjate por tener la capacidad de hacer algo. Eres una persona hermosa. Date las gracias por ser alguien tan maravilloso. Esto es tu verdad. Y así es.

AMEMOS A TODAS NUESTRAS PARTES

Me gustaría que volvieras a la época en que tenías cinco años y te vieras con la mayor claridad posible. Mira a ese niño pequeño, y con los brazos abiertos dile: «Soy tu futuro y he venido a amarte». Abrázalo y tráelo contigo al momento presente. Ahora los dos estáis frente a un espejo de modo que os podáis mirar mutuamente con amor.

Observa que hay algunas partes tuyas que te faltan. Vuelve al momento en que naciste. Estabas mojado y sentías el aire frío en tu cuerpo. Acababas de pasar por un difícil viaje. Las luces brillaban, aún no habían cortado el cordón umbilical y tenías miedo. Sin embargo, estabas dispuesto a iniciar tu vida en este planeta. Ama a ese bebé.

Avanza hacia la época en que estabas aprendiendo a caminar. Te levantabas y caías, volvías a levantarte y volvías a caer. De pronto diste tu primer paso, después otro y otro. Qué orgulloso te sentías de ti mismo. Ama a ese pequeño.

Vuelve a tu primer día de escuela. No deseabas dejar a tu madre. Fuiste valiente al atravesar el umbral hacia un nuevo período de tu vida. Afrontaste esa situación de la mejor manera que pudiste. Ama a ese niño.

Ahora ya tienes diez años. Recuerda lo que pasaba. Puede que haya sido maravilloso o terrible. Te comportabas tan bien como podías para sobrevivir. Ama a ese niño de diez años.

Avanza hasta el momento en que entraste en la pubertad y comenzaste a ser adolescente. Puede haber sido muy emocionante porque por fin estabas haciéndote mayor. Puede haber sido terrible porque te sentías presionado por tus compañeros. Manejaste la situación lo mejor posible. Ama a ese adolescente.

Ahora vuelve al momento en que terminaste tus estudios. Sabías más que tus padres. Estabas preparado para iniciar tu vida independiente. Te sentías valiente y asustado al mismo tiempo. Ama a ese joven adulto.

Recuerda ahora tu primer día de trabajo. La primera vez que ganaste dinero y lo orgulloso que te sentías. Deseabas hacerlo bien. Había tanto que aprender. Hiciste las cosas del mejor modo posible. Ama a esa persona.

Recuerda otra etapa importante de tu vida. Un matrimonio. Tu primer hijo. Un nuevo hogar. Puede haber sido una experiencia maravillosa o terrible. De alguna manera te las arreglaste. Sobreviviste de la mejor forma posible. Ama a esa persona que eres tú.

Ahora adelanta a todas esas partes de ti mismo y, de pie frente al espejo, míralas a todas con amor. Hay otra parte tuya por venir. Tu futuro está ahí con los brazos abiertos y te dice: «Estoy aquí para amarte». Y así es.

SIENTE TU PODER

Siente tu poder. Siente tu respiración. Siente el poder de tu sonido. Siente el poder de tu amor. Siente el poder de tu perdón. Siente el poder de tu buena disposición a cambiar. Siente tu poder. Eres un ser hermoso, un ser divino y magnífico. Te mereces todo lo bueno, no sólo algo, sino todo lo bueno. Siente tu poder. Siéntete en paz con él porque estás seguro. Da la bienvenida a este nuevo día con los brazos abiertos y con amor. Y así es.

HA LLEGADO LA LUZ

Siéntate frente a un amigo o una amiga y cógele las manos. Miraos a los ojos. Respira hondo y libera cualquier temor que puedas tener. Haz otra respiración profunda y libera todo juicio. Permítete estar con esa persona. Lo que ves en ella es un reflejo tuyo, un reflejo de lo que hay en ti.

Todo está bien. Todos somos uno. Respiramos el mismo aire. Bebemos de la misma agua. Comemos los alimentos de la Tierra. Tenemos los mismos deseos y necesidades. Todos deseamos estar sanos. Todos deseamos amar y ser amados. Todos deseamos vivir en paz y cómodamente, y todos deseamos prosperar. Todos deseamos experimentar nuestra vida plenamente.

Mira a la persona que está frente a ti con amor, y dispónte a recibir ese amor de vuelta. Date cuenta de que estás a salvo. Mientras miras a esa persona, haz afirmaciones sanadoras para ella. Afirma que tiene relaciones afectuosas para que esté rodeada de personas que la amen dondequiera que vaya. Afirma que disfruta de prosperidad para que su vida sea agradable y cómoda. Afirma que dispone de bienestar y seguridad, y date cuenta de que lo que das te retornará multiplicado. De modo que afirma lo mejor de todo. Sabes que esa persona se lo merece y ves que está dispuesta a aceptarlo. Y así es.

Bibliografía recomendada

A *Course In Miracles,* Foundation for Inner Peace, Roscoe (Nueva York), 1975. [Hay traducción al castellano: *Un curso de milagros,* Foundation for A Course in Miracles, Roscoe, 1992.]

Bartholomew, *I Come As A Brother,* High Mesa Press, Taos (Nuevo México), 1986.

Batten, Joe, *Expectations and Possibilities,* Hay House, Carson (California), 1990.

Beattie, Melodie, *Co-Dependent No More,* Harper and Row, Nueva York, 1987. [Hay traducción al castellano: *Codependencia nunca más,* Temas de Hoy, Madrid, 1990.]

Bradshaw, John, *Healing The Shame That Binds You,* Health Communications, Deerfield Beach (Florida), 1988.

— *Bradshaw. On The Family,* Health Communications, 1988.

— *Homecoming: Reclaiming and Championing Your Inner Child,* Bantam Books, Nueva York, 1990.

Capacchione, Lucia, *The Power of Your Other Hand,* Newcastle Publishing, North Hollywood (California), 1988.

— *The Picture of Health,* Hay House, Carson (California), 1990.

Coit, Lee, *Listening,* Las Brisas Retreat Center, 1985.

Dean, Amy E., *LifeGoals: Setting and Achieving Goals to Chart the Course of Your Life,* Hay House, Carson (California), 1991.

Diamond, Harvey, *Your Heart•Your Planet,* Hay House, 1990. [Hay traducción al castellano: *Salud y ecología,* Urano, Barcelona, 1991.]

Diamond, Harvey, y Marilyn Diamond, *Fit For Life,* Warner Books, Nueva York, 1985. [Hay traducción al castellano: *La antidieta,* Urano, Barcelona, 1988.]

Earth Works Group, The, *50 Simple Things You Can Do To Save The Earth,* Earthworks Press, Berkeley (California), 1989. [Hay traducción al castellano: *Cincuenta cosas sencillas que tú puedes hacer para salvar la Tierra,* Naturart, Barcelona, 1991.]

Fisher, Robert, *The Knigth In Rusty Armor,* Wilshire Book Company, North Hollywood (California), 1987.

Fox, Emmett, *Power Through Constructive Thinking,* Harper and Row, Nueva York, 1968.

Gawain, Shakti, *Creative Visualization,* Whatever Publishing, 1978. [Hay traducción al castellano: *Visualización creativa,* Sirio, Málaga, 1990.]

— *Return To The Garden,* New World Library, San Rafael (California), 1989.

Harrison, John, *Love Your Disease,* Hay House, Carson (California), 1989.

Holmes, Ernest, *The Science Of Mind,* G.P. Putnam's Sons, Nueva York, 1938.

— *This Thing Called You,* G.P. Putnam's Sons, Nueva York, 1948.

Holmes, Ernest, y Willis H. Kinnear, *A New Design For Living,* Prentice Hall, Nueva York, 1987.

Jampolsky, Gerald, *Love Is Letting Go Of Fear,* Celestial Arts, Berkeley (California), 1979. [Hay traducción al castellano: *Amar es abandonar los miedos,* Sirio, Málaga, 1990.]

—*Out of Darkness Into the Light,* Bantam Books, Nueva York, 1989.

Jeffers, Susan, *Feel the Fear and Do It Anyway,* Ballantine Books, Nueva York, 1987.

Lazaris, Concept, *The Sacred Journey: You and Your Higher Self,* Synergy Publishing, 1987.

Murphy, Joseph, *The Power of Your Subconscious Mind,* Bantam Books, Nueva York, 1982.

Perkins-Reed, Marcia A., *When 9 to 5 Isn't Enough,* Hay House, Carson (California), 1990.

Pollard III, John, *Self-Parenting,* Generic Human Studies Publishing, 1987.

Robbins, Anthony, *Unlimited Power,* Fawcett Columbine, 1986. [Hay traducción al castellano: *Poder sin límites,* Grijalbo, Barcelona, 1987.]

Robbins, John, *Diet For A New America,* Stillpoint Press, Walpole (New Hampshire), 1987.

Rodegast, Pat, y Judith Stanton (compil.), *Emmanuel's Book,* Bantam Books, Nueva York, 1985. [Hay traducción al castellano: *El libro de Emmanuel,* Luciérnaga, Barcelona, 1993.]

Siegel, Bernie S., *Love, Medicine and Miracles,* Random House, Nueva York, 1986. [Hay traducción al castellano: *Amor, medicina milagrosa,* Espasa Calpe, Madrid, 1988.]

—*Peace, Love and Healing,* Harper and Row, Nueva York, 1989. [Hay traducción al castellano: *Paz, amor y autocuración,* Urano, Barcelona, 1990.]

Simonton, Carl, *Getting Well Again,* Bantam Books, Nueva York, 1980. [Hay traducción al castellano: *Recuperar la salud,* Raíces, Madrid, 1988.]

Stone, Christopher, *Re-Creating Your Self,* Hay House, Carson (California), 1990.

Wilde, Stuart, *Miracles*, White Dove International, 1983.